佐野弁ばんざい

森下 喜一

随想舎

佐野弁ばんざい

森下喜一

随想舎

はじめに

わたしが方言に興味を持ちはじめたのは、二十代のころです。山あいの地に生まれ育ったわたしは、いつも地元のことばを使っていました。もちろん地元のことばしか知らないし、地元のことばが方言だらけだなんてことも知りませんでした。父も母も地元の出身なので、日常生活はだれと話す場合でも地元の方言まる出しでした。近所の人もみんな同じ土地の生まれでしたので、方言が共通語でした。不都合なことは何一つありませんでした。

情報の少ない田舎暮らしであったが、都会のことばは上品で田舎のことばは下品だといことは聞いて知っていました。しかし、どういうことばが上品で、どういうことばが下品なのか、それはよくわかりませんでした。だから、それを区別するのはとっても難しいことでした。こんなことを考えるようになって、自分の住んでいる地域の方言はどんなものなのか、関心をもつようになりました。

上京して学生生活がはじまって間もないころ、友人から「君はイとエの発音がちょっと変だね」といわれたことがありました。また、あるときには、「疲れたことがコワイなら、怖いことは方言で何というの？」と質問されたこともあります。

当時はまだ若かったので、方言を指摘されるたびに恥ずかしい思いがしました。やがて、田舎弁だって日本語だし、方言だって田舎では立派な共通語なんだと思うようになりました。方言は人と人とをなごませるぬくもりのようなものがあるし親しみもあります。こんなことを考えたりしました。そして何となく方言に興味をもち、勉強してみようという気になりました。栃木県内のあちこちを歩きはじめました。二十五歳のときでした。

方言に協力してくれる方は、七十歳前後でその多くは明治か大正の生まれでした。中年の方にも聞いて回りました。〝佐野弁ばんざい〟は、十六年間にわたって毎月発行される「広報さの」に掲載したものです。古い方言・やや古い方言・最近使っている方言などいろいろな方言が出てきます。佐野にはこんな方言があったのかと思われるものがあるかも知れません。楽しみながら読んでもらえたらさいわいです。

編集にあたっては、随想舎の石川栄介氏にたいへんお世話になりました。ここに厚くお礼申し上げます。

※「広報さの」に掲載した〝佐野弁ばんざい〟の配列が、内容的に不揃いでしたので並び替えました。また題名についてもその一部を書き換えました。

佐野弁ばんざい

目次

第三部　《人の動き・器官・感情など》と方言

第五部　《ことばの意味・語法など》と方言　159

第一部

《動物・植物など》と方言

人になつかない子猫はタナギネコ

　かつて猫は、鶏《にわとり》や犬のように、家畜として飼われていましたが、最近はペットとして飼う家庭が多くなっています。昭和の中頃までは、穀物《こくもつ》を食い荒らす鼠《ねずみ》に困り、その鼠害対策《そがいたいさく》として猫を飼う家庭がたくさんありました。

　猫が子猫を出産するときは、人気《ひとけ》のない静かな屋根裏を選ぶことが多いので、生まれた子猫が成長しても人になつかず、近づくと逃げ回ったり、威嚇《いかく》することさえありました。このような子猫を、共通語でずしねこといいました。ずし（厨子）は屋根裏（天井裏）をいい、ここは普通雑品・雑具などを置く物置き場になっていました。雌猫《めすねこ》はこのような場所を見つけて子どもを生むので、子猫は人になつかなくなります。そこで、そのようななつかなくなった猫をずしねこと呼ぶようになったというわけです。

　佐野弁では物を置く天井裏をタナギといいます。タナギは、本来物を載せるために、天井に板を張り渡した棚《たな》のことで、棚木《たなぎ》がもとの意味です。人目につかないタナギで生まれ育った猫なのでタナギネコといいます。

「あの三毛猫《みけねこ》がシノバ（収納場）のスマッコ（隅っこ）で子猫を生んだんだってさ。みんなタナギネコンナッチャッテ、人の気配がすると、すぐカクネチャン（隠れてしまう）だって。あんな子猫ジャー、モラエット（もらう人）なんかエナカンベヨ（いないでしょうよ）」

けものが振り返って見るけもの道をタツミという

山の中腹には、いのししや鹿などが通る道がありますが、その道はけもの道といいますが、山間地に住む人や猟師たちは、タツミとかタツメなどといいます。タツミとは、けものがちょっと立ち止まって、後ろを振り返って見る道という意味です。けもの道は、ヨコッとかトーリッパともいいます。ヨコッは横の道という意味です。

しかやいのししは繁殖率が高く、その数が減る気配《けはい》はありません。けものによる被害は大きいといわれていますが、その被害はどのようなものなのか農家の人に聞いてみました。

しかやいのししは、ヨコツからはずれて人里に下りてきます。田畑にへーッテ（入って）農作物を食い散らします。デーコン（大根）のシレー（白い）根っこも青い葉っぱもキレーに（すっかり）食ってしまいます。ある農家の人は、「さく（畝《うね》）を作って麦の種をまいたら、そのさくを跨《また》いで新芽をカタッパジ（片っ端）から食われチャッタ」と話していました。

いのししは夜行性なので、昼も夜も人里に下りてきて、蛙やへびなどをツカメテ（捕《つか》まえて）食べてしまいます。農作物も食い荒らしたりします。特に八頭《やつがしら》という芋は大好きです。ある農家の人は、「朝、八頭がカタッパジからホッポジクッテ（掘って）あったンで、八頭をだれが盗んだンダンべ？」と不思議に思ってたら、いのししのしわざだったんだってさ。

〝ババスッコ〟は、姿も名前も消えてしまった？

山あいから流れ出る秋山川、彦間川、野上川、仙波川などには、いたるところにフカンボ（水の深いところ）があり、そこには〝はや〟が泳いでいます。腹部が銀色をしたはやと、暗色をしたはやの二種類がいます。銀色をしたはやをホンバヤ、暗色をしたはやをニガッパヤといいます。野上地方ではニガンバヤといっています。ニガッパヤとかニガンバヤというようになったのは、腹部を食べると苦味《にがみ》があるからです。浅瀬に群れをなして泳いでいるはやの幼魚を一般にザッコといいますが、メダッカ・ハヤメンゴなどともいいます。

「釣れた魚はみんなニガッパヤベー（ばっかり）で、ホンバヤなんか一匹も釣れなかったよ。ガマ（魚の隠れ場）には、ホンバヤがすいすい泳いでるのがメール（見える）ンだけどねえ」

水のよどんだ場所には、暗褐色で頭でっかちのカジッカがいます。浅瀬でほとんど動くことなくじっとしています。

水のすんだ川で砂のあるところや池などには、どじょうの一種である〝しまどじょう〟という魚がいます。からだの長さは八センチ程度で茶色っぽくてひげがあり、横一列に黒っぽい斑点がいくつもあります。この魚を佐野弁でババスッコあるいはババスコといいます。スナムグリ・スナモグリともいいます。渓流《けいりゅう》には、からだの側面に黒っぽいまだら模様のある〝山女魚《やまめ》〟がいます。この山女魚をヤモーといいます。

彼岸花はなぜ嫌われた？

秋になると彼岸花《ひがんばな》が、田んぼのあぜや墓地などに真っ赤な花を咲かせます。ちょうど彼岸頃に咲くので彼岸花という名がつけられました。古くは彼岸花というい方はなく、インドの古いことば（梵語）の曼珠沙華《まんじゅしゃげ》を使っていました。日本にはマンシュシャカとして伝わりましたが、それが訛《なま》って「まんじゅしゃげ」になりました。これは赤い花という意味です。だが、「まんじゅしゃげ」が全国的に普及する頃には、日本の各地でいろいろな名前（方言名）がつけられていました。死人花《しにんばな》とか、幽霊花《ゆうれいばな》とか、仏花《ほとけばな》など縁起でもないことばが、千種以上もつくられました。聞いただけでも身震《みぶる》いがするといって、この花は毛嫌《けぎら》われるようになりました。赤くて美しい花であっても、みんなから嫌われ、田んぼのあぜ道に咲いている彼岸花を見て、楽しもうなどという人はいませんでした。

佐野では彼岸花を、昔からジャンボンバナといっていました。今でもそういっている人が大勢います。ところで、葬式のときにたたいて鳴らす鉦《かね》の音ジャランボーンは、「ジャンボン」となり、葬式の意に転じてしまいました。葬式のときに出す大きな葬式饅頭《そうしきまんじゅう》は、〝ジャンボン饅頭〟とよばれるようになり、かつて子どもたちは、それをもらって食べるのを楽しみにしていました。

草木が成長することをノダッといった

夏になると、田んぼの畦道《あぜみち》や川岸に生えている雑草は、めきめき成長していきます。それを放っておくと、繁茂《はんも》して稲穂の成長の妨《さまた》げになり、農家の人たちは一年間に何回も草刈りをします。草が伸びて大きくなることをホキルといい、この方言はいまでも広く使われています。

「雨が降ると草がホキルもんだから、また、刈ンナクッチャー（刈らなくては）ナンネンだよ。ヤッケー（厄介）だけど、シャーネー（どうしようもない）」

ホキルは「ほふきでる（穂吹出）」が変化したものといわれています。昔は、表面に高く出てくるものを「穂」といいました。最近、草刈りをしない若者が増えてきて、それに比例するかのように、ホキルを知らない若者も増えてきている、と中高年の人たちはいいます。

佐野弁には、ホキルとまったく同じ意味のノダッがありました。

「一週間も経たないうちに、土手の草があんなにノダッチャヤッテ、……」

ノダッは佐野・田沼・葛生の地域に昔からあって、明治生まれの人たちは、ホキルといったりノダッといったりしていました。ところが、ノダッよりも後から伝わったホキルが、だんだん勢《いきお》いを増し、ノダッを追いやってしまいました。勢力をなくしたノダッはほとんど使われなくなり、これを口にする老人は見かけなくなってしまいました。それを知る人さえも数少なくなってしまいました。

蛍袋を叩いた音が方言になった

四、五月になると、原野や道ばたに高さ約五〇センチの、紅紫色をした釣り鐘状の花を見かけることがあります。この花は蛍袋《ほたるぶくろ》といいます。袋の形をしているので、昔の子どもたちはこの花に蛍《ほたる》を入れて遊んだといいます。このことから「ほたるぶくろ」という名が付きました。この花はよく見ると半透明色なので、子どもが蛍を入れて遊びたくなるのも当然だったかも知れません。垂れ下がった釣り鐘に似ていることから、ツリガネソーといったり、葬礼に用いる提灯《ちょうちん》にも似ていることから、ソーシキバナともいいます。蛍袋の別名はおびただしい数にのぼります。佐野やその周辺には、チョーチンバナというところがあちこちにあります。提灯《ちょうちん》は片手に持ってぶら下げるので、火が垂れているように見えます。つまり「火垂《ほた》る」であることから、チョーチンバナというようになったというわけです。

ところで、佐野の子どもは、蛍袋を下向きにして手の平にのせ、片方の手の平で勢いよくたたくと、大きな音を発します。そのときのトッカンという音をみんなで楽しみました。だれの音が高いかなどその優劣を競《きそ》い合うこともありました。この音から蛍袋をトッカンバナというようになり、今でもそう呼んでいる人がいます。昔の子どもは自然を友とし、自然を生活の一部としていたことがよくわかります。

草木の先端をウラチョッペという

木や草の先端部分を佐野弁でウラチョッペ、あるいはウラッポといいます。共通語でいう先っぽや先っちょと同じ意味です。明治・大正および昭和初期に生まれた人たちは、ウラチョッペというのが普通で、共通語を使うことはほとんどありませんでした。

「インギンボー（隠元の蔓《つる》を支える隠元棒《いんげんぼう》の訛《なま》り）のウラチョッペに、アキドンブ（赤とんぼ）がジーットして止まってッケド、周りのようすがよくメール（見える）から、サキッチョに止まってるンダンベ（でしょう）ねえ」

ウラチョッペという語の成り立ちをみると、「ウラ」と「チョ」と「ペ」が結びついたもので、これらのいずれにも先端という意味があります。まず最初に、「ウラ」はいつ頃どんな時に使われていたのか、その例を挙げてみましょう。

かつて佐野は麻の名産地だったので、麻にまつわる方言や独特の言い方がたくさんありました。麻の葉の付いている先端の茎の部分を、ウラッツォといっていました。これは先端の意のウラ（末）とソ（麻）が結び付いたものです。もはや死語になってしまいました。

ウラチョッペの「チョ」は、先っちょの「ちょ」と同じく、先端の部分をいいます。「ペ」も語の後に付けて、先端の周辺という意を表します。

色や音から生まれた方言―烏瓜とさいかち―

烏瓜《からすうり》の方言はその姿や形から名付けられましたが、果実の音から名付けられた方言もあります。これらの方言について述べてみましょう。

烏瓜は蔓草《つるくさ》で、山や野原に生えている木に絡《から》みついて伸びていきます。夏には六、七センチの楕円形《だえんけい》の果実をつけます。晩秋になると、その実が熟して真っ赤になります。蔓《つる》に垂れ下がっているその実を好んで食べる烏《からす》は、その周《まわ》りをくるくる回るといいます。烏瓜は、カラスッポグリ・カラスチンゴ・カラスノキンタマなどと呼ばれるようになりました。いずれの方言も「烏の金玉《きんたま》」を連想してつくられた方言です。

さいかちは、山や河原などに成長する高木で、秋になると長さ三〇センチほどのゆがんだ莢《さや》が垂れ下がります。その莢には平たい種があって、熟すと莢は茶色になり木から落ちてきます。その莢を振り動かすとガチャガチャという音、あるいはガラガラと音がします。その音がさいかちの方言になりました。この種を水の中に入れると、石けんのようなはたらきをし皮膚をなめらかにするというので、女性は化粧用としたり、あるいは昭和の初め頃まで洗顔用としました。また、野上では、火にいぶしたガチャガチャを、トブグチ（玄関）にさして置くと魔《ま》除《よ》けになるという信仰的な風習もありました。

雑草が生い茂っている所をクサバッコという

雑草がむらがって生えているところを、共通語で草むらとか草やぶというが、佐野弁ではこれをクサバッコ、あるいはクサボッコといいます。

「みんながクサバッコで何をサガネッコト（探しごと）してるんかと思ったら、野球のボールがクサバッコに飛び込んで、メッカン（見つから）なくナッチャッタンだってさ」

草が深く茂っていることを草深《くさぶか》といいますが、佐野弁ではクサブッカといいます。このクサブッカとクサバッコは、意味がよく似ていますが、語源的には別のものです。クサバッコやクサボッコは、草の生えているところという意の「草場《くさば》」に接尾語コがついたものです。佐野では今でもこの方言を、よく使っています。佐野弁にはコのつく語（方言）がけっこう多いので、普段によく使っているコのつく語を挙げてみましょう。

堀ッコ・隅っコ・沢っコ・端ッコ……など。

雑草以外に細い低木・ささ竹・いばらなどが乱雑に混じり合ってところを、共通語ではやぶ（茂み）といいます。このようなところを、佐野弁ではボラまたはボラッカ、ボサッカなどといったりします。

「あの畑は、持ち主がカマネ（手入れしない）もンだから、ボラッカンナッチャッテ（やぶになって）サー、今ジャー（では）、手のつけようもネーよ」

実をたくさんつける柿をミシラズという

柿には、甘いものと渋いものとがあります。甘柿は秋も深まって赤みが増してくると、渋味がなくなっておいしく食べられます。この種の柿には、平たい形をした富有柿《ふゆうがき》、次郎柿《じろうがき》などがあります。一方、赤みが増しても、渋味の抜けない柿があります。この柿をミシラズといいます。漢字で「身不知」と書くように、果実の重さで曲がったり折れたりするとは知らずに、枝にいっぱい実をつけます。この種の柿には平核無《ひらたねなし》があります。蜂屋柿《はちやがき》も渋柿の一種です。

「ウチノヘーリックチ（我が家の玄関）ンとこにあるミシラズに、実がエレー（たくさん）なったもンだから、枝がオッカケネーダンベ（折れないだろう）かって、隣りンチでシンペー（心配）してるんだってガネ」

渋柿はシモシラズともいいます。「霜不知」と書くように、秋が過ぎて霜が降りる季節になっても、赤い実をつけたまま枝にぶらさがっています。でも、本格的な冬の寒さがおとずれるようになると、熟《じゅく》して甘くなります。山に自生する山柿は、柿の原種といわれるだけに、とてつもなく渋く、実の小さいのが特徴です。しかし、どんなに渋い柿でも、寒さが増すとともに熟して甘くなります。

「なんぼシビー（渋い）山柿やシモシラズだって、寒くナッチャー、ヤーラケーズクシ（やわらかい熟柿）ンなり、いずれは甘柿ンナッチャンだよ」

大きないたどりを、ンマスッカンボといった

いたどりは、五月から夏にかけて、野原や道端など日当りのよいところに生えます。茎《くき》は細長い棒のようにひょろひょろと伸びます。あまり目立たないが、白っぽくて小さな花を咲かせます。若い茎はすっぱいが、子どものころはこのすっぱい味に興味があってよくかじったり、すすったりしたものです。このいたどりを見ると、老いも若きもスッカンボといったりスッカンショなどといいました。

〝酢《す》〟のような味を、共通語で「すい」とか「すっぱい」といいます。東北地方では、この酢の味をスッカイとかスカイといいます。県内にもそのようにいうところが数地点あります。ところで、棒のように長く伸びた茎はスッカイので、最初はスッカイボーといっていましたが、訛ってスッカンボ（ー）となりました。

「スッカンボの新芽の皮をむき取ると、シント（茎）がヤッケー（やわらかい）から、そこンとこをかじってみな。スッペーから」

いたどりにも二種類あって、一メートル程度も成長するものがあります。それをンマスッカンボといいます。その半分程度にしか伸びない茎の細いスッカンボがあり、ンマスッカンボと区別しています。

母子草は草餅にいれる雑草だった

昔、蛙の薬草として知られるおおばこ（車前草）や風邪を引いたときのせき止め薬としたははこぐさ（母子草）があります。だれからも注目されるこれらの薬草は方言で呼ばれることもありました。

道端などに群がって生えている雑草におおばこがあります。佐野弁ではこれをオンバコ・ゲールッパ・ケーロッパなどといいます。おおばこには薬効《やっこう》があって、死んで間もない蛙をこの葉で包んだところ、その蛙が息を吹き返したという伝説があります。このことからおおばこは、「蛙の葉」といわれるようになり、それが訛《なま》って、ゲールッパとかケーロッパとなりました。

春の七草（せり・なずな・はこべ・すずな……など）の一種に〝ごぎょう〟があります。別名〝母子草《ははこぐさ》〟ともいいます。昔は薬草ということもあって、七草がゆにして食べました。母子草は春から夏にかけて、田畑や道端などにたくさん生えています。かつて母子草の若い茎や葉は草餅にして食べました。葉っぱには白い毛（綿毛）があり、それが乳児の舌に似ていることから、母子草という名がついたといわれています。母子草を、佐野弁でネバリモチといいます。これを切ると、切り口から白いねばねばした液が出てくるからです。草餅の「草」といえば、普通よもぎをいいますが、このよもぎが草餅に使われる以前は、母子草が用いられたといわれています。

〝やぶかんぞう〟をピーピーグサという

〝すずめのてっぽう〟と〝やぶかんぞう〟、これらの雑草を佐野弁でピーピーグサといいます。すずめのてっぽうは、水田や湿地などじめっぽい場所に群れをなして生えています。高さは二〇～三〇センチほどで緑色、五、六月に棒状の花穂をつけます。この穂を引き抜くと小さな穴があき、その穴に息を強く吹き込むと、ピーピーというかん高い音を出します。このことからピーピーグサといっています。

すずめのてっぽうは、漢字で「雀の鉄砲」と書きますが、それは花穂を雀おどしの鉄砲になぞらえたためだといわれています。子どもたちは野原に出て、すずめのてっぽうを見つけると、ピーピー鳴らして遊びました。

田沼や葛生地方では、やぶかんぞうをピーピーグサといいます。やぶかんぞうは春先になると、溝《みぞ》のまわりや土手《どて》などに、あざやかな緑色の芽を出します。葉は長く幅は三センチ程度、やや厚みがあってなめらかでつやがあります。その葉の横端を両唇《りょうくちびる》にはさんで、横笛を吹くように息を強く出すと、ピーピーという音が出ます。その音からやぶかんぞうをピーピーグサといっています。ちなみに、女の子は、やぶかんぞうの葉を折り曲げたり切り取ったりして、人形を作って楽しみました。そこでやぶかんぞうを、ニンギョーグサともいいます。

シッチクダケはツエンボ（杖）として用いた

竹は、昔から建築・工芸・楽器などを作る材料として貴重なものでした。家庭用品としても、籠《かご》、笊《ざる》、タカボキ（竹の枝で作った箒）などがあります。竹製の飾り物などもあります。そこで竹にまつわる方言について述べてみましょう。

二本のタケンボ（竹竿）に横木（台）を結びつけ、そこに足をのせて立つと背丈が高くなります。子どもたちはそのすがたを誇らしげに、そして楽しんであちこち歩き回りました。これを共通語では竹馬《たけうま》とか、たかあしなどといいます。方言ではユキアシダといいます。子どもたちの遊びに〝タケンマアスビ〟もあります。

タケンボー（竹の棒）の枝四本を一センチほどの長さに切り、馬の足にしたのがタケンマです。タケンマの胴体に小石をしばりつけて、引っ張り回して遊びます。

年を取って歩行が困難になると、からだを支えるツエンボ（杖）が必要になります。ツエンボには軽くて持ちやすい竹を用いました。その竹とは、節と節の間が異常にせまくて、タンコブツ（こぶ）のようなかたまりがいくつもある奇妙な真竹《まだけ》のことです。このような竹を佐野弁でシッチクダケといいます。タンコブツは、竹の根元の部分にあります。

「竹やぶでシッチクダケを見たこターーネーーケ？　オジヤン（祖父）が、シッチクダケをツエンボにシテーってユーンで、メッケテルンだけど、なかなかメッカンなくってさあ」

草木が成長し繁茂することをホキルという

春になると、地面のいたるところに雑草が芽を出します。また、道端《みちばた》や屋敷内の広い空き地などの、冬枯れの雑草を若葉の緑がおおうようになります。

新鮮な雑草が勢いよく成長し広がっていくようすを、共通語で「はびこる」といい、つる草などが地面を這《は》うように広がることをいいます。これに相当する方言は見当たらないが、雑草が長く伸びて繁茂《はんも》しているようすは方言で「ホキル」といいます。ホキルは主に農村地域の中高年者が使っていますが、だんだん減少する傾向にあります。とはいっても、雑草の生い茂る農村地域から、ホキルが消えるようなことはないでしょう。ホキルは「穂が吹き出る」が変化したものといわれています。

「春のおとずれは、雑草にとってよっぽど待ち遠しかったンダンべねえ。雨が降るたんびにあんなにホキルンだから。雑草にヨッチャー（よっては）、ひと晩でだいぶ伸びるカンね」

雑草の伸び具合・繁茂する状態を佐野弁でホキといいます。

「草バッコ（草の生えているところ）は、土目《つちめ》がエーンダンベ（よいのでしょう）ねえ。ホキがエーのをみると。ところで、こんなにホキテチャー（繁茂してると）、ザッポ（朝露などが多くあるさま）くって歩けネーよ」

松かさの方言はその形からつくられた

松の木の枝についている丸い玉（果実）は、一般に松かさ・松ぼっくりなどといわれています。県内の方言にもその数は多く、マツダンゴ・マツッコゴリ・マツッポグリ・マツボッコなどがあります。このような方言は佐野にもありますが、地域により人によって言い方がいろいろです。同じ地域内の人でも、ある人はマツボックリ、マツッポグリといい、ある人はマツダンゴなどといいます。

ところで、「松」という語の後に、ダンゴとかコゴリとかポグリ（ポックリ）といった語がついています。これらの方言はすべて物の形から取った名前です。ある地方では、その形がダンゴ（団子）のように丸く見えたので、マツダンゴと名づけました。また、ある地方では、丸くてかたい土のかたまりのように見えたので、マツッコゴリと名づけました。また、ある地方ではその形が団子《だんご》のように見えたので、マツダンゴと名づけ、またある地方では、丸いかたまりのように見えたからだといいます。

ところが、ある地方では、男の子の睾丸《こうがん》、俗にいう金玉《きんたま》を包んでいる袋（陰嚢）のような形にみえたので、マツフグリと名づけたといいます。フグリとは、ふくらみがあって、垂れ下がっている丸いものという意味です。マツフグリが訛《なま》って、マツボックリとかマツッポグリという語が生まれました。

ドドメは子どもの大好物だった

夏の太陽が照りつけるきびしい暑さがやってくると、子供たちは川のフカンボ（水の深い所）で水浴びをして遊びました。筆者が子どもの頃の川は汚れがなくきれいな水が流れていました。農薬や除草剤の心配もなかったし、下水や汚物が流れてくる心配もありませんでした。

しばらく水浴びをしていると、寒さで唇《くちびる》が紫色に変ってしまいます。それを見た友だちが、「オメの唇はドドメイロになったぞ」などといったものです。ドドメ（ドドミという人もいます）は桑の実の意、桑の実が熟すと紫色になることから、ドドメイロは紫色をいいます。紫色に熟したドドメは、甘みがあっておいしく、子どもたちの大好物でした。夢中になって食べているうちに、くちびるがドドメイロになり、水浴びをしたときの唇と同じ色になります。桑の実をドドメというようになったのは、「がまずみ」という植物と深い関係があります。がまずみは、別名ソゾミといいます。

夏になると、小さな白い花が密集して咲き、秋になると大豆程度の赤い楕円形の実をたくさん付けます。甘酸っぱいため、昔はおとなも子供も、ソゾミを好んで食べたものです。後にソゾミが訛《なま》ってドドメ（ドドミ）になったといいます。桑の実の色や形がこれに似ていることから、桑の実をドドメ（ドドミ）というようになりました。

キノコの方言は色や形に結びつくものが多い

秋になると、松林や雑木林にはいろいろなキノコが発生します。食用になるものもあれば毒キノコもあります。昔の人は、色や形などがキノコに似ていると、それをキノコの名前（方言）にすることがよくあります。

「くろかわ」というキノコがあります。黒っぽい色をしているのでその名がつきました。雑木林などに生え、まるい形をしています。肉が厚くてかたくてほろ苦《にが》く、灰色がだんだん変色して黒ずんだ色になるのが特徴です。このキノコには、ナベカムリ・ナベッカブリ・クロドンビン・クロドンビンガ・クロッカワ・クロンボなどいろいろな方言があります。

かつて湯茶を沸かし、お茶を入れるときに、丸い形の土瓶《どびん》を使用しました。くろかわというキノコは、土瓶の色や形に似ていることから、葛生地方では昭和の中頃まで、クロドンビン（ガ）といっていました。また、鍋底《なべぞこ》をひっくり返したようなところから、田沼地方では、鍋《なべ》被《かぶり》が訛《なま》ってナベカムリ、ナベッカブリといっていました。

キノハッカブリというキノコがあります。木の葉に埋もれているからです。正式名は「くりふうせんたけ」といいます。

また、香りの高いキノコに、皮茸《こうたけ》、別名ししたけがあります。黒褐色で大きな形をしています。表面には猪《いのしし》のように、角状《つのじょう》のささくれがあるので、シシギノコといっています。

野いちごは蛇の枕、だからヘビノマクラといった

蛇にまつわる話（言い伝え）は数多くありますが、蛇に関する方言もよく出て来ます。その方言の主なものを取り上げてみました。かつて蛇を総称してオカウナギなどといっていました。うなぎは川に生息しているのに、同じような細長い形をした蛇は、「おか（陸）」に生息しています。それで蛇をオカウナギというようになりました。蛇はからだを渦巻状《うずまき》に巻いていることがあります。このような状態を、〝とぐろまく〟といいますが、佐野弁ではタグロマク、あるいはタグルマクなどといいます。いずれも〝とぐろまく〟が訛《なま》ったものです。

まむしがとぐろまいた状態にあると、からだがばね（スプリング）のようなはたらきをするので、跳び上がってかみつかれる恐れがあります。

「まむしがタグルマイて、首をモチャゲてじっとしているときニャー、危ネから近寄ンネ方がエーよ。跳び上がって手足をがぶっとかみつかれッから」

蛇にちなんだ植物に〝へびいちご〟があります。野原や道端《みちばた》などに生えるので、野いちごともいいます。へびいちごは、赤色でいちごのような小さな実をつけ、それを蛇は好んで食べ、また、枕にして寝るという言い伝えがあります。そこでへびいちごは、ヘビノマクラともいわれています。

すももをバタンキューというのはなぜ？

同じ種類の果実とはいっても、色や形のちがうものもあれば、大きさのちがうものもあります。栗の実には果肉がたっぷりあって、丸みを帯びているものもあれば、そうでないものもあります。また、皮ばかりで中身のないものもあります。中身のない皮は、杓子《しゃくし》のような形をしているので、シャクシックリといいます。栗の種類でもっとも大粒のものを、マグソグリ、またはマグソックリなどといいます。マグソは馬糞《まぐそ》のことです。方言でいうマグソは、大きいだけで何のとりえもないもの、という意味です。鳶《とんび》をマグソッタカというのも、腐った肉や動物の死体などを食べ、他には何のとりえもない鳥だと思われているからです。

樫《かし》・くぬぎ・なら・かしわなどの果実を総称して、どんぐりといいますが、方言ではジダンボ・ジダグリなどといいます。また、どんぐりの実は丸みをおび、樫の実に似ていることから、カシッタマなどともいいます。

「山に近い農村に、熊やシカンボ（鹿）が出没するようになったシナ（のは）、山に雑木が少ネンデ（少ないので）、ジダンボなんかが食えネーからダンベー」

佐野弁ですももをバタンキューといいます。これは明治以来の古い方言です。すももの一種に〝はたんきょう（巴旦杏）〟がありますが、そのはたんきょうが訛《なま》ってバタンキューになったといわれています。

蝶々はむかしから親しまれてきた

野に山に色とりどりの花が咲く四月になると、もんしろちょうやあげはちょうなどが花から花へと飛び交うようすが見られます。身の回りにいる、小さくて愛らしい蝶々《ちょうちょう》に、むかしの人はおとなも子どもも親しみをおぼえ、各地でそれにふさわしい名前をつけて呼んでいました。佐野地域や田沼地域の新合・飛駒では、蝶々に「べ」を添えてチョチョベと呼んでいました。蝶々に「べ」や「マ」を添えて呼んだほうが、何となく親しみを感じたからです。

葛生地域や田沼地域の三好・野上では、「マ」を添えてチョチョマと呼んでいました。五〇歳代以上の人なら、「そういえば確かに年寄りがそう呼んでいたなあ」などと思い出すでしょうし、七〇歳以上の高齢者なら、「今でも使っているよ」という人、「かつては使っていたよ」という人が多いのではないでしょうか。

飛駒では、蝶々に「べ」と「コ」の二つの接頭語を添えて、チョチョベッコと呼んでいました。「コ」は後になってから付けました。むかしはかわいくて小さく親しみを感じる動物には「メ」を付けました。メは訛《なま》ってべに変化したり、マに変化したりしました。また、動物や植物には、隅っコ・堀っコ・端っコのように「コ」を付けて呼ぶのが普通でした。かつて佐野に住んでいた人たちは蝶々を愛し、親しみをもって接していたことがわかります。

蟻地獄は相撲を取る虫だった

ウスバカゲロウの幼虫を蟻地獄《ありじごく》といいます。神社やお寺の軒下の乾いた土に、すりばち状の穴を掘って隠れ、すべり落ちてくる蟻などを食べて生活しています。この蟻地獄を佐野方言で、トッコバッコ・チチケッポ・チッポケッポなどといいます。佐野地域の越名《こえな》周辺は、湿地帯で蟻地獄がいないため、蟻地獄の方言もありませんでした。

田沼の北部はトッコバッコ、その南部はチチケッポ、葛生地域はチッポケッポといいます。日本の国技といえば相撲ですが、江戸時代（約三五〇年前）の相撲は、すぐに組み合うことがほとんどありませんでした。睨《にら》み合いが多く、相手の隙《すき》をみて、引っ張ったり、蹴ったり、突き飛ばしたりする荒々しいものだったといいます。蟻地獄二匹を合わせると、力士のように、しばらく睨み合いをしてから、はげしく組み合います。それを見ていた見物人（子どもたち）は、早く組み合えとばかり「トッコバッコ、トッコバッコ」と行司《ぎょうじ》のように掛け声をかけました。

トッコは〝早く来い〟という意味の「疾《と》く来《こ》」、バッコも〝早く来い〟という意味で、いずれも「早く来」が変化したものです。佐野では「早く来い」を現在でもハッコといいますがこれと同じです。お互いに早く組み合って力を競い合えといいながら遊ぶ当時の子どもたちの姿が浮かんでくるようですね。

かまきりは神仏を拝むふりして虫を取る

かまきりの前足は、のこぎり鎌《がま》のような形をしています。その足の動きは素早くて、一瞬のうちに虫を捕まえてしまいます。かまきりは「鎌切」と書くように、鎌のような前脚をしています。別名「蝿《はえ》取り虫」とか「疣《いぼ》むしり」などともいわれます。

目の前に虫が現れるまで、前脚を合わせ、神仏でもを祈っているかのように、身じろぎもせずじっと獲物が現れるのを待っています。この昆虫ばなれした奇妙なようすを見て、葛生地域の人たちはオガミムシ、田沼地域の人たちはトーロー、佐野地域の人たちはオガンドーロー・オガミジョーロー（オガンジョーロ）などといいました。オガンドーローもオガミジョーロ（オガンジョーロ）も、「拝み蟷螂《とうろう》」が訛ったものです。

蟷螂は平安時代に中国から伝わりました。その字音にならって、かまきりをトーローという地方があちこちにあります。また、それにムシ（虫）を添えてトーロームシなどともいいます。鎌切蟷螂《かまきりとうろう》がなまったり、縮約されてカマギッチョーともいいます。さらに蟷螂と鎌切の一部の音が交《まじ》わって、トーロゲ（トーロギッチョの略）という方言も生まれました。これは最近はほとんど使わなくなってしまいましたが、明治・大正生まれの人たちはよく使っていました。

蟻や蟹《かに》には親しみを表すドンを付けた

気候が温かくなると、あらゆる生物が活発に活動し始めます。集団で行動する生き物は特に人目を引きます。働き蟻はもっぱら歩き、穴を掘り餌《えさ》を蓄《たくわ》え、たくさんの卵を産むことで知られています。沢蟹《さわがに》も居心地《いごこち》のよさそうな水場の岩や石の陰にたくさん集まっています。蟹は古くから子どもたちに関心が高く、遊び仲間のような存在でした。人は蟻や蟹の動きに関心があり、もてあそんだり観察したりしました。そして「蟻と蟻にも礼儀あり」「蟹の横ばい」などの多くのことわざが生まれました。『枕草子』には、蟻はどうも気に入らないが、からだが非常に軽く水の上をいつまでも歩き続けることができるのはおもしろいとあり、古くから人間と深い関《かか》わりをもっていたことがわかります。そこで人間と同じように「ども」を付けて、「蟻ども」・「蟹ども」といっていました。そしていつの間にかこれが訛《なま》って、蟻を「アリンドン」（アリドンともいう）、蟹を「ガニンドン」（ガニドンともいう）というようになりました。「アリンドンはアメーモン（甘いも物）が好きだね」・「ガニドンは雨ップリ（雨降り）の日に、川から這《は》い上がって道端《みちばた》にも出てくるよ」

蟻や蟹に付くドンには、さげすむ意はなくむしろ親しみの意が込められています。昭和二〇年頃を境に、アリンドンもガニンドンもほとんど聞かれなくなってしまいました。

「疣《いぼ》は何個?」がひきがえるの方言になった

ひきがえるは体が大きく、背中には大小の疣状の突起がたくさんあるので、エボガエルなどともいいます。動作がのろまなうえに不気味な感じがして、嫌われがちです。しかし、多くの子どもたちは、普通の蛙とちがって動じずに、でんと構えているその不思議なようすに興味をもっていました。このひきがえるを、佐野弁ではナンコンボ・エボナンコ・ナンコーボ(ー)・ナンコボ・ナンコゲーロ(ル)などといっています。「ナンコンボの背中を棒で突ついたら、怒っていぼの穴から白っぽい乳のような液《えき》を出したよ」といって騒ぎ立てたものです。子どもたちは、大きなひきがえるの背中にあるいぼを見て、そのいぼの数がどれほどあるのか、なぜあるのかに関心をもっていました。

「いぼが何個あるのか?」が「何個のいぼ?」になり、これがなまって、ナンコンボ・ナンコボ・ナンコーボとなりました。これを略してナンコともいいます。エボナンコも同様に、「いぼ何個?」が変化したものといわれています。佐野とその周辺の地域では、ナンコゲーロともいいます。

かつて子どもたちは、ひきがえるの大きさや動作についてはいうまでもなく、いぼがたくさんあることのめずらしさ、不思議さに目をつけていたことがわかりますね。

鬼やんまは山にいるからヤマドンブといった

日本でもっとも大きいとんぼは鬼やんまで、体長が一〇センチを超《こ》えるものもあります。雄《おす》の鬼やんまは縄張《なわば》りがあって、その地域を行ったり来たりしながら獲物《えもの》を探しています。黒と黄色の横縞模様《よこしまもよう》が虎に似ているし、鬼のように恐ろしそうな姿にも見えます。そこでオニヤンマとかオニトンボなどとといわれるようになりました。

佐野弁では、鬼やんまをヤマドンブ・ヤマドンボ・オーヤマドンブ（略してオーヤマという人もいます）などといっています。それは鬼やんまが山の近くにある小川や沼地などを生息地《せいそくち》としているからです。蛙や小さな虫、あるいは空中を飛び回っている蝶や蛾《が》を捕ったり、時には蜂や蝉などを捕って食べることもあります。ヤマドンブもヤマドンボも、「山とんぼ」が変化したものです。

「ヤマドンブって、堀っコに沿って、カミ（北）の方へ行ったかと思うと、すぐヒックリケッテ（引き返して）来チャー、南の方へ行くなどいつも同じ行動してるンだね」

ヤマドンブ（ヤマドンボ）の種類の中で、もっとも大きいものをオーヤマドンブといいます。かつてヤマドンブ（オーヤマドンブ）を捕獲し、それをおとりにして他のヤマドンブを誘い寄せて捕らえるという遊びがありました。

悪臭を放つ虫をヘップリムシという

晩秋の頃になると、朝晩が冷え込んで肌寒さを感じるようになります。昆虫も寒さに備えて、冬支度の準備に取りかかります。この頃、暖かさを求めて家の窓ぎわなどに寄り集まる虫に亀虫がいます。体長は一・五センチ位、色は茶褐色、体型は亀の甲《こう》に似ています。別名臭亀《くさがめ》ともいいます。その理由は触ったり踏みつけたりすると、強烈な悪臭を放つからです。佐野ではこの虫を、ヒラッカまたはヘップリムシなどといっています。

「冬が近づいて寒くなってきたらさあ、家《うち》ン中にヒラッカが入ってくるんだよ。コナイダはうっかりしてフンジャブシチャッ（踏みつぶしてしまっ）て……。いや、クセーノ　クサクネーノッタラ　アリャーシネー（耐えられるような並の臭さではない）」

亀虫は、平たくて小さな亀の甲のような形をしているので、ヒラカメ（平亀）といいます。このヒラカメがさらに変化してヒラッカになったといわれています。

悪臭を放つ虫を一般に「ヘッピ（プ）リムシ」、または「ヘコキムシ」といいます。亀虫も同類なので、ヘッピ（プ）リムシということもあります。

湿った石の下とか草むらに、「ごみむし（芥虫）」といって黒っぽい色をした昆虫が住んでいます。体型はヒラッカと違って長楕円形、触ったりすると、肛門《こうもん》から悪臭を放つので、この虫もヘップリムシといいます。

なめくじには殻がないからハダカ〇〇といった

なめくじは、かたつむりのように、もともとは螺旋状《らせんじょう》の殻《から》をもっていました。その殻《から》が退化してなくなってしまいました。なめくじの体はやわらかく、ぬるぬるしています。二つの触角《しょっかく》をもっていて大きさも体つきもかたつむりにそっくりです。なめくじは殻をもっていないために、ハダカ〇〇といわれるようになりました。ハダカデーロ（ー）・ハダカダイロ・ハダカダイボ（ー）・ハダカダイボロ・ハダカデーボのように、その数は約一〇種類あります。

「あのデッケー木のザンマタ（木が二股に分かれているところ）ンとこに、ヌルッカヌルッカ（ぬるぬる）したハダカデーボがいるンで、キビワリー（気持ち悪い）っていってたよ」

なめくじの角は敏感《びんかん》で、周囲のようすを見わたしながら、出したり引っ込ましたりします。子どもたちは、そのようすを見て楽しみながら、「角《つの》出せ、角出せ」とはやし立てたました。ダイロ・デーロ・ダイボロは、角を出せという意の「出い・出よ・出ろ」が変化したものです。佐野弁でもっとも広く使われているのがデーロです。

「デーロは見た目ニャー気持ちワリーけど、それを飲み込むとぜんそくに効くんだってね」

田沼・葛生では、なめくじには殻《から》つまり住む家がないということから、かつてはイエナシダイロ（家無しなめくじ）といていましたが、それが訛《なま》ってエナシデーロともいっていました。

お坊さんの経文を唱える声とは？

八月から一〇月にかけて鳴くこおろぎは、秋鳴く虫の総称として、昔から広く知られていました。こうろぎの鳴き声が文字化されたものをみると、コロコロコロコロ・キリキリキリなどいろいろです。聞き方は主観的で、鳴き声は様々な文字で書き表わされています。こおろぎといえば、普通えんまこおろぎのことで、コロコロと鳴くといわれています。

こおろぎは、きれいな声で長々とよどみなく鳴き続けます。昔の人は、コロコロという鳴き声を聞いて、お坊さんが左肩から右脇下へと袈裟《けさ》（衣の上にまとう法衣）をかけて、経文を唱《とな》えている声のように感じました。そこでこおろぎを、ケサカッカ（ケサガッカ）というようになったといわれています。

ケサは袈裟の意。カッカは、こおろぎの鳴き声です。コロコロがコッコとなり、それがさらに変化してカッカとなりました。

「秋ンなって、日が暮れかかると、田んぼのアゼッコ（あぜ道）やミチッパタ（道端）のクサバッコ（草むら）で、ケサカッカがコロコロコロコロ鳴いてるよ」

カッカという音から、カカ・ハハ（母）を連想され、ケサハッハ、ケサガハハというようになりました。虫の鳴き声も聞きよう、考えようによって、いろいろなことばが生み出されるものですね。ところで、これらの方言の使用中心地は田沼と葛生地域で、古い方言です。

紋付を着たバカツカシ

十一月末に中国地方から渡ってくる小鳥じょうびたきは、公園とか一般家庭の庭の植え込みなどに住みついて、木の実や虫をついばみながら生活しています。雀ほどの大きさで淡い茶褐色、尻尾《しっぽ》を上下に振り、ヒーッ　カタカタッ、ヒーッ　カタカタッと鳴きながら枝から枝へと移動します。昔は、ひたきといって、「火焼鳥」という漢字で当てました。鳴き声が火打石《ひうちいし》をたたく音によく似ているからです。

じょうびたきの翼（背中）には、紋付模様《もんつきもよう》の白い斑点があって、色彩的によく映え、一だんと美しく見えます。そこでモンツキドリと呼ばれることもありました。小鳥は一般的に臆病《おくびょう》で人に近づくことはしないが、じょうびたきは二・三メートル離れた距離であっても、人を恐れるようすがなく、ヒーッ、カタカタッ、ヒーッ、カタカタッと鳴き続けます。このようすを見ていた昔の人たちは、人を恐れない馬鹿な鳥だということで、〝バカビタキ〟というようになりました。

じょうびたきの方言に「馬鹿」を加えて、モンツキバカスカシとか、バカスカシというところがたくさんあります。紋付模様の美しい姿をして、気取っているように見えます。人の怖さを知らない馬鹿な鳥なんだろうというのがその理由だといいます。バカスカシの「スカシ」は気取っているという意味です。佐野ではこのバカスカシが訛《なま》って、バカツカシといいます。

みそさざいとは溝に棲む小鳥のこと

みそさざいは、樹木の生い茂った沢の周辺を飛び回り、昆虫などを捕食して生活しています。小鳥の中でも最も小さい鳥といわれ、小回りがきいて動きのす速いのが特徴です。秋から冬になると、人家の近くにある堀や木陰にやってきて、チチッ、チチッとうつくしいかぼそい声を出して、あちこちを飛び回ります。敏捷《びんしょう》でいつも尾を上方に向けています。黒褐色なのであまり人目につきにくい鳥です。

みそさざいの「みそ」は溝《みぞ》が清音化したものといわれています。「さざい」もみそさざいの古名である「さざき」が訛《なま》ったものといわれています。佐野にはみそさざいの方言はたくさんあり、その主なものに、ミソッチョ・ミソッチョコ・ミソッチ・ミソッツグなどがあります。ミソッチョの「チョ」は、鳥《ちょう》が訛《なま》ったもので、溝に棲む鳥という意味だそうです。ミソッチョコの「コ」は、古くから慣れ親しんでいて愛らしく小さいものにつける接尾語です。ミソッチは、「ミソッチョ」と同じく「鳥《ちょう》」が訛《なま》ったものです。ミソッツグの「ツグ」は、つぐみという小鳥と深い関係があるといわれています。昔はつぐみをツグともいいました。つぐみには約二〇種類あって、そのほとんどが一〇センチ以上ある大きさだといわれています。

鳴き声が生き物の名前になった

・梟《ふくろう》の方言　梟は、目が丸くて大きく、昼間は林の繁みや木の洞穴《ほらあな》でじっと休んでいます。夜行性《やこうせい》なので、夜、活動し野ねずみなどを捕らえて食べています。鳴き声は独特で一般にはゴロスケホーホーと鳴くといわれていますが、佐野弁ではこのホーホーが「ホッコー」となり、ホッコドリといっています。

・油蝉《あぶらぜみ》の方言　油蝉は、体が全体的に黒っぽく、羽は不透明で赤褐色、夏の暑い日には樹の上で、ジージーと高い声を出して鳴きます。この鳴声から、油蝉をジージーゼミといっています。

・蜩《ひぐらし》の方言　夏から秋にかけて、夕暮れどきに鳴く蜩の声が「かなかな」と聞こえたことから、別名「かなかな」ともいいます。鳴き声が「カニャカニャ」と高く美しく聞こえたので、佐野では蜩をカニャカニャ（ゼミ）というようになりました。

・水鶏《くいな》の方言　一般に水鶏といっていますが、実際には緋水鶏《ひくいな》をいいます。夏の渡り鳥で、沼や沢の草地にかくれています。胸は赤褐色、脚は赤くて長く動作は敏捷《びんしょう》です。

早朝または夜間には、「コン　コン」、または「キョ　キョ」、「キョッ　キョッ」と鳴きますが、その鳴き声がカンカンとも聞こえることから、佐野ではカンカンドリといいます。

ほおじろの鳴き声を聞いて楽しんだ

ほおじろは秋から冬にかけて、雑木林や農耕地などにすみ、雑草の種子《たね》や昆虫などをあさりながら枝から枝へ、枝から地面へと飛び回ります。すずめほどの大きさで、からだはほぼ茶褐色。ほお（頬）が白いことからほおじろと呼ばれています。ほおじろの地鳴き《じな》（平常の鳴き方）は、チチッ、チチッ、あるいはチッ、このように短く細い声で鳴きます。雄《おす》は繁殖期《はんしょくき》をむかえると、しきりにさえずります。ただ、ほおじろは同じさえずり方はしない習性があるので、うぐいすのホーホケキョのように、鳴き声に一定の型がないのが特徴です。

ほおじろのさえずる声を鳥類図鑑で調べると、チッピピッツチー・チョチョスッチョホイ・チョチョッスチョホイッ・チョッチョッスチョホイツケ・チョッピーチリーチョ……のようにいろいろです。ほおじろにはチー、チョ、ピ、ホイという声が多く聞かれます。連続的にそしてリズミカルに発するこの声に心をひかれた昔の人は、ほおじろを飼ってその声を楽しんだといいます。耳をすまして聞いていると、雄鳥《おすどり》は、「イッピツケージョーツカマツリソロ」（一筆啓上仕り候）とさえずったといいます。ほおじろの鳴き声に、不思議な魅力を感じていたことがわかります。

鳴き声がシトトと聞こえたというので、ほおじろをシトトといったと昔の本に書いてあります。今でも佐野ではほおじろをシトト、あるいはヒトト、ストトなどといっています。

群れをなして麻種子をついばむアオソ

秋から春にかけて、農村地域に群れをなして飛び回る小鳥がいました。日中は河原にいることが多いことから〝かわらひわ〟といいます。からだのほとんどが緑褐色ですが、つばさには黄色いまだらがあって、飛んでる姿は美しくあざやかです。くちばしは太く、麻種子や穀物やひまわりの種子などをかみくだいて食べます。このかわらひわを佐野ではアオソといいます。

アオソはキリリコロロジューイと鳴きますが、繁殖《はんしょくき》期になるとチョンチョンジューイと鳴き方を変えます。佐野は昔から麻の産地として知られ、各農家で昭和三〇年頃まで栽培していました。四月になると麻の種まきが始まります。そして種まきが終わると、組合内の人たちは当番に当たる家に集まって〝麻まき祝い〟をします。当日は白米を蒸《む》して作ったバンダイモチ（餅の一種）を祝物として食べることになっています。

麻まきを待っていたとばかりに、アオソは群れをなして一斉に麻畑に舞い下ります。朝早くから物陰にかくれて竹づつをたたいたり、棒などを投げつけて追い払うこともありました。「物陰にかくれてサー。アオソが来ると、タケズッポをパンパンとブッパタク（たたく）ンだよ。すると、アオソはブッタマゲテ（びっくりして）、一斉に飛び立って逃げてったよ」

タケズッポは、長さ三、四〇センチほどの竹づつで、タカツッポ・タカっポともいいます。

ふくろうの鳴き声ゴーへが方言になった

ふくろうは夜行性なので、昼間は木のこずえでじっと眠っています。夜になると目と耳を活《い》かして活動し始めます。野ねずみやうさぎや小鳥などを捕《と》って、するどい爪で押さえつけ、くちばしでその獲物《えもの》を引き裂いて食べます。鳴き声は、「ゴーへー　ゴーへー　テレックテーコ」と鳴くといわれています。でも、遠くから聞こえてくる鳴き声は、ホッホッ　グルスクホッホと鳴くとか、ホーホーゴロスケホーホーと鳴くなどともいわれています。鳴き声は聞き方によってまちまちですが、どの鳴き声も頼りなくさびしそうに聞こえます。まして静かな夜は不気味な感じさえします。

ふくろうは、佐野でゴへードリ、ゴーへドリ、ホッコドリ、ホーホードリなどといいます。「物音のしない静かな夜、遠くの方でゴへードリが、ホッコー、ホッコーと鳴いてる声を聞くと、サムシ（淋しい）そうでねえ。ゴへードリの鳴き声はウスッキビワリー（何となく気味がわるい）って昔っからいわれてますよ」

ふくろうはフクロズクともいいます。フクロはふくろう、ズクはみみずくをいいます。ふくろうもみみずくも頭が大きくて顔がまるく、姿や形がよく似ています。その上、目つきもするどいので、フクロズクというようになったのかも知れません。

第二部
《生活・労働など》と方言

コジハンは食間に食べる軽食のこと

若い頃は、朝・昼・晩の三度の食事に飽き足りず、午後三時頃になると、軽い食事が欲しくなったものです。この軽い食べ物を一般にオヤツといっています。オヤツは子どもに対して使うことが多いので、児童語のように思われがちですが、もとは肉体労働をする人たちの使うことばで、仕事中に「オヤツは何を食べる?」などといったものです。オヤツは本来食べ物ではなく、「時間」を表すことばでした。ところが、江戸時代の後半から明治にかけて、「間食」の意に変わってしまいました。

オヤツの「ヤツ」は、午後二時から三時までの時間帯をいい、この時間を、昔はヤツドキ(八つ時)といいました。江戸時代の半ば頃になると、一日に三回食べるようになりましたが、それでも農家の人たちは、肉体労働でしたので、午前と午後に軽い食事をするのが慣例になっていました。北関東地方はコジューハン(小昼飯)といっていました。

佐野ではこのコジューハンを、コジハンというようになりました。コジハンとして用意された食べ物は主に握り飯、団子、野菜の漬物などでした。午後三時頃になると、あちこちの田んぼや畑の片隅で、コジハンを食べながら家族そろって談笑していたようすが、目に浮かんできます。最近は機械化され、農業形態や生活形態も変化したため、コジハンを携帯《けいたい》する姿はほとんど見かけなくなってしまいました。

水の神様はカピタリモチが大好きだった

毎日の生活にどうしても欠かせないものといえば水と食べ物です。特に水は、動植物体の約八〇パーセントを占めているといわれています。水は生命の源《みなもと》です。豪雨などによって水量が増すと、人も動物も思いもかけないような災難、災害に出会うことがあります。

河川が整備されていなかった昔は、川の濁流に呑み込まれて水死する者、あるいは怪我《けが》をする者が後を絶ちませんでした。水難事故が起こるのは、水の神によるしわざだと考えました。新年を迎えるに当たって、幸せな年であるようにと願う気持ちは真剣《しんけん》そのものでした。神に祈る以外に方法はありませんでした。

水難事故が起こらないように、水の神に手を合わせ餅を供えました。この餅を佐野ではカピタリモチといい、この餅を食べると、水泳ぎに行っても水におぼれたり、河童《かっぱ》にさらわれることがないと信じられていました。

カピタリモチは、旧暦の一二月一日に搗《つ》く餅のことで、「かわびたりもち（川浸り餅）」が訛《なま》ったものです。カピタリモチを搗いた家は、一二月末に餅つきすることはかたく戒《いまし》められていました。そのために一日に搗いた餅を知人宅に配りました。そしてその見返りの餅は、年末になって知人宅から届けられました。

ご飯のおかずをアセモンといった

主食（ご飯）に添えて出すおかず（お菜《さい》・副食物など）を、佐野ではアセモン・アセ・カテ・ハシヤスメなどといいます。

「戦時中はアセモンがネー（ない）ンで、ベントバチには梅干し一個、これが麦飯の真ん中にあったもんだから、ヒノマルベントー（日の丸弁当）なんていったっけねー」

主食には数種類のおかずを取り合わせるので、これらの食べ物を「合わせ物」といいました。これが訛《なま》ってアセモンとなり、さらに省略してアセともいいました。

うどんやそばなどには、ゆでた白菜・ほうれん草・大根などを添えて食べました。これらの添えものをカテといいます。そばにはよく野菜のてんぷらとか、きのこのてんぷらを添えることがあります。しかし、このようなものをカテとはいいません。

「そばのカテには、ナンツッタッテ（何といっても）ゆでた白菜の葉っぱか大根の千切りダンべねー。これがあると余計に食べられッカンネー（～るからね）」

ご飯の量を増やすため、粟《あわ》・稗《ひえ》・麦・芋《いも》などを混ぜて焚《た》いたものを、〝かて〟といいました。のちにご飯に添えるおかずをカテというようになりました。ハシヤスメ（箸休め）は、元来食事の途中で気分転換したり、味覚を新鮮にするための簡単なつまみ物をいいました。その後、おかずをいうようになりました。

残ったものを最後に食べることをクチッパライという

近所の人たちと田植えするエシゴト（協同作業）は、昭和の中頃まで行われていました。田植えが終わると、協力し合った近所の人たちやその家族が、事前に決められている家におおぜい寄り集まって、飲食しながら田植えの終了を祝いました。その時の食事は、ご飯や麺類以外に、芋類・豆類の煮付けや野菜などが主《おも》でした。主婦たちは、力の源《みなもと》であるご飯を食べるようにと男たちにすすめました。このように終わりに食べる食べ物を、佐野でクチッパライといいます。

「そばなんかいっくら食ったって、すぐに腹が減っチャって、力仕事ができなカンベサー。そだからクチッパライに、もっとご飯を食わッセ（～てください）な」

家庭では毎日ご飯を食べるのが普通だが、来客のある祝日や休日には、まず、そばやうどんを打ってもてなすのがなかば慣例となっています。クチッパライは「口払い」で、口にあるものをきれいに飲み込み、あらためて最後にある食べ物を食べること、これが本来の意味です。

共通語の「口直《くちなお》し」も、食事が終わってから別のものを食べるという点では、クチッパライとよく似ています。

「口直しにアイスクリームを食べた」の口直しとは、クチッパライとは意味が異なります。

コシャエル・コセルは物を作ることをいう

建物を建てたり、物を作ったりすることを、共通語では、「こしらえる」「つくる」などといいます。こしらえるが訛《なま》っていろいろな方言が生れました。それはコシャエル・コシェル・コシエル・コセル（コセール）などで、佐野では今なお多くの人が使っています。こしらえるは、ある材料を用いて、物をつくり出すというのが本来の意味です。

「お祭りには、だんごやぼた餅なんかをコシャエたりしヤンシタ（しました）よ」

「犬小屋をコセたら、子犬でも飼うべとオモッテ（思って）さあ」

共通語に比べて、コシャエル・コセル……など方言を使うことは多いが、特に「夕飯のおかずに何をコシャエタン（つくったの）？」とか、「味も塩加減もイヤンべだ（味加減がいい）ねえ。どうやってコシャエタン？」のように、もっぱら料理用語であるかのように使うことが多くなっています。

今ではあまり使わなくなってしまいましたが、子どもを生むことを、コシャエル・コシエル・コセルなどともいいます。

「赤ちゃんがほしいっていってたけど、あの奥さん、子どもを何人コシエタンべ？」

ところで、方言ではないが大正から昭和の初め頃まで、生む・出産する意の「なす」が使われていましたが、今ではこの「なす」は聞かれなくなりました。

〝オチャゾッパイ〟は茶に添えて出す茶菓子や漬物のこと

農作業は天候に左右されるため、雨が降ったり強い風が吹いたりすると、田畑に出て仕事ができなくなってしまいます。そんなとき、農家の人はよく隣の家へ出かけ、農作物の話や四方山話《よもやまばなし》をしながら楽しみました。

近所の家に出向くと、まず出されるのがチャオケという軽い食べ物でした。これは茶を飲むときに添えて出す菓子や漬物《つけもの》などです。チャオケは、〝茶うけ〟が訛《なま》ったものです。

野上・三好地域では、茶菓子や漬物をオチャズッパイ、またはオチャズッペ（ー）といい、飛駒・山形地域では、オチャゾッペ（ー）といいます。これらの方言は昭和の初め頃まで使用していましたが、それ以降は消滅してしまい、今では一部の高齢者が知っているだけといったところです。

「ウチ（わたしの家）でコサエタオチャゾッペだけど、食べラッセナ」

オチャゾッパイは、「お茶」と「ソッパイ」が結びついたものです。ソッパイは、しょっぱい塩気がある意といわれています。オチャゾッパイは、塩加減がいいから味がよく、おいしいという意味です。ご飯のおかずのチャズッペも、味加減がよくおいしいという意味で、内容的にはオチャゾッパイと同じです。

柏の葉でくるんだ餅をカシャモチという

もち米とうるち米を同じ量に混ぜて、それを炊《た》いて軽くついたものをちぎって丸めます。丸めたもちにあんこ（餡）やきなこをまぶし、できあがったものが〝ぼたもち〟です。

春と秋の彼岸には、供物として欠かせないものとなっています。かつて春の彼岸にはぼたもち、秋の彼岸にはおはぎといっていましたが、今では春秋に関係がなくぼたもちといっています。佐野ではオブタといっています。

「春のお彼岸に、親戚ンチでオブタを腹イッペーゴッツォー（ご馳走）ンなってねえ。オブタは久しぶりだったんで、ソリャー（それは）、ンまかったよ」

ぼたもちは、牡丹《ぼたん》の花のようだということから、最初はボタンモチといっていました。その後、ボタンモチがボタモチになり、それがさらに変化してオブタとなりました。

五月五日は端午の節句（子どもの日）です。この日は男子の節句で昭和の中頃までは、家の軒先に菖蒲《しょうぶ》をさして邪気をはらい、柏餅《かしわもち》を食べました。柏餅をカシャモチといい、それを包む葉っぱをカシャッパといいます。子どもの頃、近くにあるカシャッパノキ（柏の木）に登って新鮮なカシャッパをもぎ取るのが楽しみでした。

食べ物の味や食べ方などを表す方言とは？

食べ物の味や性質にはいろいろあります。にがいものもあればしょっぱいもの・辛いものもあります。これらの味を表す語には、語末の音が変化して「エー」のように長音化します。たとえば、やわらかい食べ物はヤッケー、かたい食べ物はカテー、甘い物はアメー、塩辛い物はショッペー、辛い物はカレー、苦い物はニゲーなどといいます。

子どもはお菓子が大好きですが、落ち着きがなくあちこち動き回って、つまずいたり転んだりします。母親はこのようすを見て、クイッチラカス・クッチラカス・クッチラスという方言を使って注意します。「食べこぼす」の方言としてもっともよく使われるのがクッコボスとクイッコボスです。

「エントシテ（座って）いた子が、もうタッタスル（立って歩く）ようになったんだガネ。ダケドネー、食べながらアッチャコッチャ（あちこち）歩き回っチャー（ては）クッチラカスから、いつだってキガオケネ（目が離せない）ンだよね」

肉のかたまりのように、かたいものを噛《か》み切ることを、クッキルとかクッチギルといいます。噛《か》んでつぶすことは、クッチャブスとかクッツブスといいます。

「いのししの肉はかたくって簡単ニャー、クッキレネー（噛み切れない）けど、よくクッチャブシテ（かみ砕いて）食べリャー（れば）、けっこう味があってンメーよ」

飯はニル（煮る）からたく（炊く）へ

子どもの頃、近所のおばさんから、センベン（煎餅）やアメッタマ（飴玉）などをもらったときには、「オーキニナー」といいました。友だちから物をもらったときには、「オーキニネー」といいました。オーキニは、お礼のことばで語尾にネーを添えるとていねいになり、ナーを添えるとちょっとぞんざいな感じがします。でも、親しみがあります。

オーキニは関西語で、「おおきにありがとう」の略語といわれています。昭和二〇年頃からオーキニはだんだん衰えはじめ、それに代わって「ありがとう」が使われるようになりました。ところで、飯を「たく（炊）」という共通語があります。明治生まれの人たちの多くは、この「たく」を「ニル（煮）」といっていました。「ニル」は「たく」よりも古くからあり、昭和一〇年代まで「ニル」が日常的に使われていました。特に田沼や葛生の山手地方では、「ニル」を使うことが強かったようです。その後、共通語の「たく」が使われるようになり、「ニル」は次第に消えていきました。飯は「たく」、汁物は「ニル」のように、「たく」と「ニル」が使い分けされるようになったのは、昭和二〇年になってからのことです。

また、「煮しめる」ことを、ニヒラカスといいます。ネヒラカスともいいます。ニヒラカスは煮物の煮汁がなくなるくらいまでじっくり煮て、その汁をしみ込ませることをいいます。

風呂をセーフロといった

六月になると、間もなく梅雨の季節にはいります。しとしとと降る長雨で気分的にふさぎがちになってしまいます。家の中も湿っぽくなり、一時的にでも太陽の陽射《ひざ》しがほしくなります。日本人が風呂好きだといわれる理由も、このじめじめした「湿気」から開放されたいからだといわれています。ところで、佐野では風呂のことを、セーフロまたはセフロといいます。今でもそういっているお年寄りを見かけることがあります。「セーフロふったけたか?」「セーフロが沸いたか?」「薪《まき》ダッポをツックべたか」「セーフロが沸いたから、はやくヒャレ（入れ）よ」

今から五、六〇年前には、各家庭でこのような対話が交わされていました。セーフロに入るには、たきぎを準備したり、水を汲《く》んできたりしなければならない時代でした。昔は風呂が一定の場所に据え置かれているのではなく、夏になると外《そと》に出し、冬になると内《うち》に入れるといった移動式でした。

後になって家の中に据《す》え置くことになったことから、「据え風呂」と呼ばれ、それがなまってセーフロになったとか。蒸し風呂から「水風呂《すいふろ》」に変わり、それがセーフロになったともいわれています。

オバンシは上流家庭で使っていた炊事婦のこと

勝手仕事・台所仕事をする人（炊事）の本来の意味は、オバンシといいますが、佐野では台所仕事・勝手仕事をオバンシといっています。ところで、台所仕事がなぜオバンシというようになったのでしょうか。それまでの歴史と過程をたどってみましょう。昔、宮中の女房たちは飯のことをハンといい、のちに「オ」を付けて、オハン（オダイとも）というようになりました。江戸時代になると、上流家庭の女性も、女房詞をまねてご飯を食べるときに、「オバンをいただく」といっていたといいます。上流家庭では炊事婦をオバンシといっていましたが、中流以下の家庭でもオバンシを使用するようになりました。オバンシの「シ」は、「しゅう（衆）」の訛《なま》りで、もとはオバンシューと発音していました。若《わか》い衆《しゅう》がワカイシになったのと同じです。「衆」は親しみを表すことばとして使われました。

「オバンシをしなくっチャーナンネーから、ハー（もう）、畑仕事をやめてケーンナクッチャー（帰えらなくては）」

「あらっ、ハー、オバンシ？」と話している主婦たちの会話を聞いていると、今なお「オバンシ」が生きています。

アライマテは食器洗いのこと

食事が終わっても、一家の主婦は、茶碗・皿・箸・フォーク・鍋釜《なべかま》などを洗う仕事が残っています。食後の後片付け（食器洗い）を、佐野ではアライマテといいます。

「アライマテが終わったケー？　すこし休ンダライーンジャネンケー？」

「こんなサミー（寒い）日だっていうのに、アライマテベー（食器洗いばかり）してチャー、手が荒れチャッテシャーナカンベー（荒れてどうしようもないでしょう）」

アライマテは「洗い待て」で、「洗い待ち」が訛《なま》ったものです。「待つ」といえば、来客を待つとか、春を待つの「待つ」が思い浮かびます。つまり食器を洗って次の食事を待つことがアライマテの本来の意味でした。

「待つ」は、後の仕事のために準備を整えておくという意味です。アライマテは、茶碗や鍋などを洗い、次の食事のために、元通りにしてきちんと整えておくことをいいます。将棋や碁を打つ人が、よく「まった、まった」といいますが、これは「ちょっと待ってくれ」というだけではなく、将棋の駒や碁石を打ったあと、元の形に戻したい願いを込めていうことばです。「まった」は相撲の世界でも、行司から「まった、まった」がかかると、再度仕切り直しをします。

吸い込んで出す器具をスイハクという

上部の口が広く、下部の口が狭くすぼまっていて穴のある金属製品、または木製・竹製の器を漏斗《じょうご》といいます。これは水や酒のような液体を、瓶《びん》や徳利《とっくり》などの口に注ぎ入れるときに用いるものです。漏斗は、液体が漏《も》れる斗《ます》のようなものです。ところで、佐野では漏斗のことを、昔からカナジョーゴまたはスイハクといっていました。昔の漏斗は、ほとんど木製か竹製でした。後世になって、金製の漏斗が作られるようになると、漏斗の頭に「金」を添えたので、カナジョーゴというようになりました。漏斗は、液体を吸い込むと同時に、下からそれを吐き出すことから、「吸い吐く」というようになり、それがそのままスイハクとなって残りました。

漏斗と語源は違うものの、同音同意語に上戸《じょうご》があります。昔、百姓の戸口は、家によって口の多い家と少ない家があり、多い家から上戸といい、中戸《ちゅうこ》、下戸《げこ》と呼んでいました。それを飲酒量になぞらえて、酒飲みを「上戸」といいましたが、後世になると、わかりやすく「飲み上戸」というようになりました。また、酒に酔うとよく笑う人がいます。このような人を「笑い上戸」といい、よく泣く人を「泣き上戸」といいます。酒が飲めない人を「下戸《げこ》」といいます。「飲み上戸」とは、飲んでも飲んでも、上の口から下の口へと出ていき、飲み始めたらきりがない人のこと、まるで漏斗のようだということから出たことばです。

背負子の方言が語るものとは？

昭和三〇年頃まで、荷物の運ぶのに荷車、あるいは馬車しかありませんでした。普通薪《たきぎ》や荷物などを運ぶ場合は、背負子《しょいこ》を用いました。梯子《はしご》のような形をしているので、背負梯子《せおいばしご》ともいいました。これに縄《なわ》を巻きつけたり、板をはりつけたりして、荷物を背負いました。縄や板がクッションになって、背中の痛みをやわらげました。地域によって異なりますが、この背負子をセデ・セーハシゴ・セータ・セタンマなどといっています。

「いくらガショーキな男だからって、あんなにオモテー荷物をセータにのっけてショッタラ、腰を痛めるダンベ」（いくら無鉄砲な男だからといって、あんな重い荷物を背負子に載せて背負ったら、腰を痛めるだろう）。

当時の仕事といえば、肉体的な重労働とか軽い力仕事が中心でした。背負子をセデという地域は葛生と田沼（三好・野上・作原）、セーハシゴという地域は野上・作原、セータという地域は佐野・田沼の全域、セタンマという地域は佐野の南（高山・伊保内・下羽田）です。

セデは、背中に背負ったわく（台）に物を載せる背台《せだい》が訛《なま》ったもの、セーハシゴは背中に背負う梯子という意味です。

セタンマは板張りの所に、馬のように重い荷物を載せて運ぶことから、背板馬《せいたうま》となりそれが変化したものです。

クッパラウは残らずに食べてしまうこと

育ち盛りの若者はよく運動もするが、食欲も旺盛《おうせい》です。かつては「テンコチモリ（山盛り）にして三杯も食べた」などといったものです。若者に限らず人一倍たくさん食べる人をオーグレといいます。釜の底まで一粒残さず食べてしまうをクッパラウといい、食べてしまうことをクッパライといいます。

「釜の中には、ご飯がアンナニ（あれほど）あったのに、うちにはワケーシ（若者）が三人もいるもんだから、キレーニクッパラッチャッタン（残すことなく全部食べてしまったん）で……、シャーネー（仕様がない）から、またニ（炊く）なくッチャー」

クッパラウは、「食い払う」が訛《なま》ったものです。「ハラウ」のつく語には、この外にザンバライとかクチッパライなどがあります。ザンバライは、宴会や集会が終わったあとの食べ残りや飲み物（酒やジュースなど）を、最後まで居残っていた人たちが、すべて飲み食いしてしまうことをいいます。クチッパライは、麺類特にそばなどは食べてもすぐに空腹になってしまうので、そばを食べたあとに、ご飯や餅などを食べて腹を満たすことをいいます。ザンバライは「残払い」、クチッパライは「口払い」が変化したものです。

「そばは食べたってすぐに腹がヘッチマウ（減ってしまう）から、クチッパライにご飯でも食べてイガっセナ（食べて行ってくださいよ）」

イッチケルは、棚などに物を載せるの意

棚《たな》や机の上に、物を置いたり載せたりすることを、イッチケルといいます。高いところ（場所）に物を載せる場合は、イッチケルを使うことが多かったようです。

「この荷物をワリーケド（申し訳ないが）、アスコ（あそこ）の棚《たな》に、イッチケテ　モラエナカンベカー（載せてくれないでしょうか）」

イッチケルは、「位置づける」が元の意。ふさわしいと思われる場所に置くという意味で、もともとは「位置づける」ことでした。イッチケルを略してチケルともいいますし、イッケルともいいます。あるいはまたノッチケルともいいます。ノッチケルは、チケル（付ける）にノッ（載る）が結びついた新しい方言です。

「軽い荷物でもジデンシャ（自転車）の荷台にノッチケタ方が楽ダンベ（楽でしょう）さ」

イッチケルに対して、イッチカルという自動詞があります。これは「（物の上に）乗る・腰掛ける・座る」という意味で、チカル、イッカルともいいます。だが、一般的にはイッチカルがよく使われます。

「そこにデッカクって、テーラな石ッコがあるから、そこにイッチカッテ（腰を下ろして）、休ンベジャネーケ？（休みませんか）」

戸や障子を閉めることをカタメルという

かつて戸（雨戸）や障子《しょうじ》を「閉める」の方言に、カタメルがありました。当時は、このカタメルの使用は「閉める」に比べてはるかに一般的で、年齢や性別には関係ありませんでした。「障子《しょうじ》を開けっぱなしにシトク（しておく）と、チミテー（冷たい）風がヘーッテ（入って）くっから、ちゃんとカタメロ（閉めろ）よ」

カタメルは、戸締まりをしっかり閉めるという意味で、今日のように普通に戸障子を閉めることです。カタメルと同じ意味の方言に、タテルもあります。戸障子や襖《ふすま》など〝閉める〟場合には、カタメルが使われ、外回りの戸、特に雨戸を閉めるときにはタテルが使われました。カタメルとタテルの使い方にはちょっとした違いがあります。

「午後ンなったら嵐《あらし》が来るッテカラ（というから）、雨戸をタテテコー（閉めて来い）」・「今日は風がツエー（強い）から、東っ側の戸はそのままタテトケー（閉めておけ）」

タテルは戸や雨戸などを引き寄せて、閉めることをいい、これによって雨や風を防ぎました。かつては、カタメルとタテルの両方を使っていましたが、昭和になると、どっちの方言もほとんど使わなくなりました。

おしめを当てがうことをカウという

「さっき、赤ちゃんにおしめをカッてやったばっかりだから、……」

「えっ！　おしめを買ってやった？　いつの間に？　どこで？」

こんな行き違いの対話があってもおかしくありません。なぜなら、「カウ」には、「買う」という意味と、「当てる」という意味があるからです。

乳幼児の大小便を受けとめるため、おしめを当てます。これを佐野ではカウといいます。共通語では、当てることを「当て交《が》う」ともいいますが、別に「交《か》う」ともいいます。方言の「カウ」は、交うから出たことばで、もとは（おしめを）取り替えるという意味でした。カウの頭に「オ」をつけて、オッカウともいいます。オッカウは意味をやや強めています。

「寝たっきりのじいさんがいるんで、どんなに忙しくったっておしめだけは、オッカッてヤンネ（やらない）とね」

明治生まれの人たちは、おしめをモッコともいい、おしめを当てることを、「モッコカウ」といいました。

「ばあさんもめっきり弱っチャッテねえ、モッコカッて寝てヤンス（います）よ」

おぶ（負）さることをブッツァルという

赤ちゃんを背負う、おぶうことをブー（ブウ）といったり、オンブスルといったりします。これに対して、おぶさる、背負われることはブッツァルまたはオンブサルといいます。これらの方言は、いずれも市内全域で使われています。オンブスルは中高年者が多く使い、使用地域も広範囲にわたっています。これに対して、ブー（ブウ）は昔から使われてきましたが、だんだんとオンブスルの方が勢力を増してきました。ブーは古めかしい感がするせいか、使用者がだんだん少なくなりました。

「あのかあちゃん？　今し方赤んぼをブッて、オーカン（道路）を行ったり来たりしてイヤンシタ（いました）よ」

「おぶさる」の方言には、ブッツァルとオンブサルがあります。

「赤んぼがかあちゃんの背中にブッツァッて、寝息を立ててネブッ（眠っ）てるよ」

ブッツァルは、おぶさるの意味以外に、人の力や金に寄りすがるという別の意味で使うこともあります。

「何でもかンでも親にブッツァッテ（頼って）ベー（ばかり）いネーで、マット（もっと）ミシミテ（まじめに）仕事をヤンナ（やりな）よ」

フッタケルは火をつけること

風呂を沸かす燃料は、今では一般にガスや灯油ですが、かつては雑木《ぞうき》や檜《ひのき》や杉などを割ったマキダッポー（まき）が主なものでした。かつて風呂は桶の形をし、下部にはかまどがありました。それをセーフロ、またはセフロといいます。セーフロの焚《た》き口にたきぎを入れて湯を沸かしました。たきぎはモシキとかマキダッポーなどといいます。これに火をつけることをフッタケルとかヒーフッタケルなどといいました。

「セーフロにヒーフッタケタ（火をつけた）か。フッタカッたら、さらにマキダッポーをツックベルンダカンネ（くべるんだよ）」

ヒーは「火」の意、フッタケルは「吹き焚《た》く」が変化したものです。火吹き竹から息を強く吹き出して発火させることを、フッタケルといい、フッタケルに対して、「火がつく」をフッタカルといいます。

「なかなかフッタカンナカッタ（燃えつかなかった）けど、フキダケ（火吹き竹）でプープー吹いてたら、ヤットコスットコ（ようやく）フッタカッタよ」

かつて、鍋《なべ》や鉄瓶《てつびん》などは、いろりにつるしてあるカギッツルシ（自在鉤《じざいかぎ》）にかけて湯を沸かしました。燃料はすべてモシキでした。火を焚いて煮炊《にた》きするカマクド（かまど）もセーフロも、今ではすっかり姿を消してしまいました。

掘りごたつを、フンゴミゴタツという

かつて農村では、冬になるといろりに火をたき、炉端《ろばた》に家族全員が集まって、あれやこれやと一日の出来事を話し合ったものです。昭和三〇年頃からいろりが踏みごたつに変わりはじめ、「いろり」はほとんどの家庭で見られなくなりました。

踏みごたつは、床《ゆか》を切って作ったので、切りごたつともいいます。踏みごたつに足を踏み入れることを、佐野ではフンゴムといいますが、ツッペルともいいます。ツッペルは、「入る」を強めたいい方です。踏みごたつは、フンゴミゴタツとか、フンゴヌキゴタツなどといいます。

「今日はオメレテー（おめでたい）日だガネ。ンだから、みんなでフンゴミゴタツにでも、ツッペッテサー（踏みごたつに入ってさ）、酒でもイッペー（一杯）ヤンベジャーネーケー（飲みませんか）」

掘りごたつを、フンゴヌキともいいますが、これはフンゴヌキゴタツの省略語です。

「うちのこたつは、フンゴヌキンなってっから、足をフンゴメバ（踏み入れると）あったケーよ。遠慮なんかスッコターネーガネ（することはないでしょうよ）。フンゴマッセな」

掘りごたつ（切りごたつ）の底の方には、足をのせる板（台）が敷いてあります。その板をフンゴミイタ、あるいはフンゴミダイ（訛ってフンゴミデーともいう）などといいます。

修繕することをハソンスルという

終戦になっても、五、六年の間は、食糧やものがおびただしく不足していました。生活に必要な道具や器具類などを入手することはとても困難でした。器物や履《は》き物などは、使えばかならずいたんだり壊《こわ》れたりします。このような状態になったものは修繕しなければなりません。佐野では修繕することをハソンスルといいます。鋳掛《いかけ》職人が、「鍋《なべ》や釜《かま》などに穴があいてたら、ハソンシヤンス（します）よ」といって各家を回りました。

かつて一般の家庭で使っている鍋や釜は、穴のあきやすいジュラルミン製のものがほとんどでした。また、「ハソンする雨傘などアリャンス（あります）カー？」と自転車を押してやってくる雨傘職人、また「革がいたんで履《は》けないような革靴があったらハソンシヤンスデー」といって立寄る靴職人などがいました。

ハソンは「破損」と書きます。それなのになぜ修繕するという意で使うようになったのでしょうか。それは昔の人の着物の洗濯する過程をみればわかります。

着物を洗濯するためには、まず、縫《ぬ》い合わせた糸をほぐします。ばらばらになった布を、洗濯板でごしごしと洗い、その洗った布に糊《のり》をつけ、張り板に張りつけます。最後にそれらの布をはがし取って縫い合わせると、元の着物にでき上がります。ハソンすること（着物をほぐすこと）は、結局修繕すること、繕《つくろ》うことになりますね。

干した物を取り込むことをオッコムという

夕立雲が出て雨が降り出す前に、あるいは陽が沈みかける前に、天日《てんぴ》に干した洗濯物などは家の中に取り込みます。穀類（米・麦・そば・豆類）は、納屋または家の軒下などに取り込みます。このように適切な場所にまとめて取り込むことを、佐野ではオッコムといいます。

佐野は、昔から麻の生産地として知られていました。昭和四〇年頃までは、多くの農家で麻を栽培し、それによる収入は家計の支えとなっていました。成長した麻の根や葉を切り落し、生麻《なまそ》には熱湯を浴びせ（この作業を「湯掛け」という）、翌朝その麻を太陽に当てて乾燥させます。そして夕日が沈むころ、その麻を束《たば》ねて納屋または軒下に取り込みます。

このように乾燥させて取り込むときによく使うことばがオッコムです。中高齢者の中には、今でも取り込むことをオッコムといいます。

「カミ（北）の方で、ゴロゴロサマが鳴り出したンミテーだから、野ら仕事をやめて、麻や洗濯モンをオッコンベヤー（取り込もうよ）」

オッコムは「押し込む」こと、これが変化して佐野弁ではオッコムというようになりました。オッコムは、主として干した物を取り入れる場合に使い、衣類などをタンスや押入れに入れることにオッコムとはいいません。

いろりにまつわる方言のいろいろ

かつて日本家屋の多くは、居間の床板を切り抜いていろりを作り、そこで暖をとったり煮炊きをしました。いろりは、日常の生活に欠かせない大事な存在でした。いろりが訛《なま》って、イルリ（エルリとも）などともいいました。

いろりの上につるした鍋《なべ》や鉄びんなどを、自由に上げ下げできる装置がしてありました。それは鍋や鉄瓶などを上げ下げする鉤《かぎ》です。この鉤を共通語では自在鉤《じざいかぎ》といいますが、佐野ではカギッツルシといいます。一方、カギッツルシの多くは、鮒《ふな》の形をした木製品だったことから、別名フナともいいました。

いろりばたのことを、語調を強めてイロリッパタともいいました。冬場になると家族みんながイロリッパタに寄り集まって暖をとり、世間話をしながら時をすごしました。

「鍋をカギッツルシに引っ掛けてコシャエタ（作った）料理を、家族みんなでつっつきながら食べるンも、エーモンでヤンス（ございます）よ」

イロリッパタには、主人の座るダンナザシキ（ムコーザシキ・ウワザシキとも）と、その左横には妻の座るカミサンザシキがありました。その真向かいが下座で、そこには嫁が座りました。下座のそばには、たきぎをくべる木箱があったので、下座を木尻《きじり》ともいいました。

便所はチョジョバとかコエダメなどといった

昔から呼び名が多いものといえば、〝便所〟が挙げられます。今でも便所を（お）トイレ、お手洗いなどといいますが、年配者（女性）になると、御不浄《ごふじょう》などともいいます。

便所の近くには、昔から現在と同様に手洗所がありました。その手洗所を普通手水場《ちょうずば》といいました。いずれも手を洗うところです。のちになると、この手水場が便所の意に変わってしまいました。「ちょうずば」が訛《なま》って、佐野でチョチョバ、チョジョバという方言も聞かれました。しかし、昭和二〇年頃になると、共通語の〝ちょうずば〟も、チョチョバやチョジョバもすっかり消えてしまいました。

昔、禅寺で僧堂の後ろに架《か》け渡した洗面所を、後架《こうか》といいましたが、のちに便所をコーカというようになりました。「どこへ行ったんダンベと思ってたらコーカだッタンケー?」といったといいます。農家のほとんどの家で、屋内には便所がないので、夜中でも外便所を利用するという不便な生活をしていました。屋内にある便所をカミゴーカ（カミゴカ）とか、カミオーカ（カミオカ）などといっていました。一段高いところにある便所という意味です。便所は、糞《くそ》をためておくところということから、農家ではクソダメといったり、あるいは深く穴を掘ってそこにためることから、クソツボ、コエダメなどともいいました（※コエは糞尿の意）。

かつて家の出入り口はクグリといった

門のわきにある小さな戸口を、〝ぐぐり〟といいます。ところが、農村地域では、家の出入り口、つまり玄関をクグリといいました。ヘーリックチ・ヒャーリックチなどともいいました。ヘーリックチとかヒャーリックチは、「入《はい》り口」が変化したものです。クグリは、身をかがめくぐって出入りする〝小さな入り口〟をいいます。クグリの高さは普通一メートル五〇センチ、横幅は一メートルほどで、このクグリは大戸《おおと》に付いています。大戸は表入口の大きな戸で、その大戸に付いている小戸《こど》をクグリ（ド）といいます。

クグリには引き戸が付いているので、いつでも開閉《あけたて》し、出入できるようになっています。大戸は、屋内《おくない》にある馬屋から馬を引き出したり、引き入れたりするときに使用しました。

「クグリは、セメー（狭い）から身をかがめてヒャーンネ（入らない）と、頭をぶっつけてイタクスッカン（けがをするから）ね」

昭和三〇年代になると、多くの農家で家を改修したり、あるいは建て替えたりしましたので、昔からのなじみのクグリは、かげも形もなくなってしまいました。クグリということばもなくなり、死語となってしまいました。ヒャーリックチ・クグリ以外に、トブグチとかトボグチという古い方言もあります。これらの方言は、戸袋口《とぶくろぐち》が変化したもので、もとは引き戸をしまう所を備えた入り口です。

末代まで使える道具類をマンゴモンという

昔から使い古してきた家具や農道具であっても、それほど痛んでなく、また損傷もしてないものがあります。農家の人が水田の土を砕《くだ》くために使っている〝まんが〟は、壊《こわ》れないように頑丈《がんじょう》に作られています。このように強くしっかりしたものを、方言でガトーといいます。まんがの横木には多くの鉄の歯がついています。これを牛馬にひかせて田畑の土をかきならします。

「まんがはガトーにできてっから、そんなにがたが来ネンだよねえ」

また、あつらえて作った机や椅子《いす》を見て、「檜《ひのき》でコセタ（作った）机は、見た目にきれいだし、ガトーにコセテ（作って）あるようだね」などといったものです。

昭和になると、ガトーということばは自然に消滅し死語になってしまいました。

お年寄りは、じょうぶで長持ちするもの（主に家具・道具など）を、〝末代物《まつだいもの》〟といいました。頑丈に作られた製品は、壊《こわ》れないし、長持ちするからです。

このように長持ちする末代物を、マンゴモンといいました。「その革ガバン（かばん）はマンゴモンだね。見た目にもきれいだし、しっかりしてるしね」などといったものです。マンゴとは、〝きわめて長い時間〟という意味の「万劫《まんごう》」が変化したものです。

共同で作業することは楽しかった

昭和の初め頃まで舗装道路《ほそうどうろ》はほとんどなく、どこへ行くにも延々と狭い砂利道《じゃりみち》が続いていました。雨が降った後には道路に穴があいて水がたまったり、でこぼこができます。そんなときには各戸から一人ずつ道普請《みちぶしん》にかり出されました。

田植えの季節になると、各班内（数軒）で順番に田植えをして回りました。また、麻幹葺屋根《おがらぶきや》の葺《ふ》き替えのときにも、班内の人たちが出て手伝い合いました。麻幹は麻の皮をはぎとったあとの茎で、当時はこの茎で屋根を葺《ふ》きました。このようにお互いに助け合いながらする仕事を、エーシゴトまたはエシゴトといいました。

エーシゴト（エシゴト）は、何百年以上も前から今日まで延々と引き継がれてきました。昔からの「結《ゆ》い」または「結い仕事」が訛《なま》ってエーシゴト（エシゴト）というようになりました。田沼地域の野上では、共同作業をテマッケといい、飛駒・新合ではテマッカリといいます。いずれも借りた手間（労力）は後で返すという意味です。

「田植え」という共同作業が終わると、終了を祝う宴《うたげ》がありました。当番にあたる家に、協力し合った班内の人たちがおおぜい集まって、飲んだり食べたりして、みんなで労をねぎらいました。

山登りがどうしてコワイの？

暑さがきびしいとはいうものの、天候に恵まれる月は七月でしょう。学校も夏休みに入るので、名の知られた山々はどこでも登山者でにぎわいます。筆者も登山が好きで若い頃はよく夏山に登ったものです。二〇歳の頃、高尾山はハイキング程度なら最適の山だと聞いたので、大分県出身の友人と普段着のまま身軽な服装で出かけました。

草木を刈り払った狭い登山道は歩かないで、道のないキュッパ（急斜面）な場所をよじ登っていきました。途中疲れたので「あー、コワイ」といったら、友人が「何が怖《こわ》い？　獣《けもの》が出た？」といって、きょろきょろあたりを見回していました。大分県では疲れたことは「シンドイ」というが、君のところはコワイというの？　といって、今まで緊張気味だった顔がほころびました。

コワイには、「この飯はコワクって食べらンネー」のように、「硬《かた》い」という意味があります。疲れたという意味のコワイも、硬いという意味のコワイも、「筋《すじ》が突っ張って硬くなる、硬直《こうちょく》する」ということで、もともとは同じことだったのでしょう。

登山をして疲れると、足の筋肉が硬くなる（こわばる）ので、疲れたときにもコワイというようになりました。コワイには、いずれも「強《こわ》い」という漢字を当てています。

「子守り」をオトモリといった

赤ちゃんやちっちゃな子どもをあやしたり、おぶったりして面倒をみることをオトモリといいます。この方言は昔からよく使われていましたが、最近は使用者がめっきり少なくなりました。かつては祖父母が面倒をみましたが、兄弟の多い家庭では、年上の子が面倒をみたものです。昭和一六年頃といえば、食糧難の時代です。野ら仕事が忙しいために、赤ちゃんを背負った年上の兄や姉（生徒）が教室に現れ、同級生と一緒に机を並べて勉強しました。

二〇年前頃から子どもの出生率がだんだんに減少しはじめ、「少子化」という新しいことばが使われるようになりました。一方では核家族化がすすみ、オトモリの形態が昔とすっかりさま変わりしてしまいました。

オトモリのオトは、漢字で「弟」とか「乙」と書きます。兄弟でも年下の者をいいます。モリは「見守る」の「守」のことです。年上の者が年下の子を面倒みること、これがオトモリの語源です。昔は子どもが多かったので、一番年上の者と一番年下の者との年齢差には、かなりの隔《へだ》たりがありました。親子のように、二十歳も離れている兄弟もいました。

父母は野ら仕事が忙しいため、年上の子が年下の子の面倒をみるのは当たり前の時代でした。

田植え女は水澄しのように動き回った

田植えの季節になると、田んぼに水澄《みずす》し（昆虫）がやってきて、素早《すばや》い動作で水面をくるくると旋回《せんかい》します。一休みしてはまた同じ動作を繰り返します。このようすを見て、水澄しをカサグルマ（風車）というようになりました。一方、田植え女は、いつも水面に浮いているウキムシ（浮虫）といわれるようになりました。ところで水澄しの方言には、トトメ（トトノメ）とソートメムシなどがあります。幼児の遊びとして、「かいぐり、かいぐり、とっとのめ」があることはよく知られています。

左右の手を胸のあたりでくるくる回し、右の人差し指で、左の手のひらの中央をつきながらいう遊びがあります。その遊びの名称は「かいぐり遊び」といいます。この遊びの動作と、水面をくるくる回る水澄しの動きがよく似ていることから、田沼地域では水澄しをトトメまたはトトノメといいました。ところで、昔は田植え女を早乙女《さおとめ》といい、それがなまってソートメともいいました。かつて田主の家族の若い娘（早乙女）には、苗代《なわしろ》の苗を取って、それを植え付けるまでの仕事が割り当てられていました。苗を植えることは早乙女のつとめでした。菅笠《すげがさ》をかぶり、白い手ぬぐいを腰にさげ、襷《たすき》をかけて田んぼの中を歩き回りました。どの田んぼも早乙女で賑《にぎ》わっていました。早乙女の働く姿は、水澄しのようだ。佐野、田沼、葛生地域では、水澄しをソートメムシといいました。

食後の休みをゴクヤスミという

もう少し時間があれば仕事に切れ目がつきそうになときは、時間をオーバーして働くことがあります。こうして仕事にけりをつけることをオエシゴト（終え仕事）といいます。予定時間を超過して仕事を終わらせることをいいます。

「畑仕事も、もうちょっとやればひと区切りつくから、そこまでやったらオエシゴトにスンベー（しましょう）」

かつて農家の人たちは、食事休みをするのも惜しんで働きました。だが、それはからだによくないということで、どんなに忙しくても食後には休むようになりました。その休みをゴクヤスミといいます。昔から「親が死んでもゴクヤスミ」という格言めいたことばがあります。親が亡くなって、どんなに気忙《ぜわ》しいときでも、食後の休みはとるようにすることということです。ゴクヤスミは、穀休《こくやすみ》から出たことばといわれています。「穀」は食べ物のこと、〝食事をしたあとの休み〟という意味です。野上地域には、明治のころ、出棺する前に行う僧侶の読経の最中に、羽織袴《はおりはかま》を着た人が座敷に出て、お鉢《はち》を人々に回し、食べてもらうという風習がありました。この風習をゴクヤスミとかジキヤスミといいます。ジキヤスミは「食休」のことでゴクヤスミと同じ意味です。どんなに悲しいときでも、あるいは気ぜわしいときでも軽い食事をとって休み、心身を落ち着かせましょうという意味です。

丸太をホタという

田沼や葛生地方は山林が多いため、住宅地の周囲は森林に囲まれています。かつてこの地方の人たちは、農業のかたわら林業にたずさわる人も多く、比較的豊かな生活をしていました。この地域には、樹木に関することばや特殊なことば（林業用語）があります。独特な方言もあります。それらの方言や特殊なことばについて述べてみましょう。

切り倒した丸い材木は、長さや太さに関係なく、〝まるた〟あるいは〝まるたんぼう〟といいます。これを、ホタ（ボタ）、ホタンボー（ホダンボー）などともいいます。

「山ッ際のドバ（まるたの集積所。土場）には、ホタンボーが山ほど積んであったデー」

杉や檜が成長するために、質のよくない木は切り倒さなければなりません。これを間伐《かんばつ》といい、方言ではホダギリといいます。ホダは「まるた」の意。ところで、杉や檜は総称してアオキといいます。一年中葉が落ちず、緑色をしているからです。

まるたを柱や板にするために、三メートルほどの長さに切ることをタマギルといいます。切った丸太はタマまたはクルといい、一本、二本、三本の〝本〟という意味です。木の根元の方から、ヒトックルまたはモトックル（ヒトッタマ）といい、二本目はフタックル（フタッタマ）、三本目はミックル（ミッタマ）といいます。「この杉は伸びがいいから、ヨックル（四本）グレーは取れるダンベー」

ブッケスは「倒す」を強めるときにいう

立木や柱など立っているものを横にすることを、共通語で倒す、またはひっくり返すなどといいます。方言にも、倒すを強めていうときにはブッケスといいます。「打ち返す」が変化したものです。ブッケスは、大きな木を切り倒したり、大きな柱を押し倒したりするときにいいます。「ブッ（打）」には、荒々しい動作を表したり、意味を強めたりするはたらきがあります。力を加えて倒すことをブッケス、これに対して、自然に倒れることをブッケルといいます。

「家の裏の杉がデッカクナッチャッタンデ（大木になったので）、ブッケリやしなカンベカ（倒れないだろうか）と心配で、のこぎりでブッケスべー（倒そう）と思ったが、ナンセ（何しろ）フテンデ（太いので）ねえ」

大きな木や柱など倒すことを、荒々しく強くいうために、ブッタオスともいいます。ブッタオスほど強くはないが、よく使われる方言にヒッケス・オッケスがあります。木を切り倒したり押し倒したりするときに使います。

「あの木の太さだったら、それほどたいしたコターネーから、だれだってヒッケセルダンべー（倒せるでしょう）。スイクチ（丸太の切り口の直径、太さ）だってなんぼもナカンべー」

泥深い田んぼをドンベッタという

〝泥土《どろつち》〟に関連する方言のうち、日常的によく使われている（あるいは使われていた）ものを取り上げてみました。雪がとけたり霜がとけたりすると、地面が粘土状になり、泥深いくぼみができたりします。このようにどろどろになったところを、ヌカリットまたはヌカリッタマといいます。

「うっかりわき見して歩いてたら、ヌカリッタマにツッペッテ（足を踏み込んで）さあ、ジョーリ（ぞうり）もキモン（着物）のソソ（すそ）も、ゼーンテ（すっかり）ビッチョビチョ（びしょびしょ）ンなっチャッた」

ヌカリットの「ト」は、「ところ」という意味です。ヌカリッタマの「タマ」は、泥がたまっている「くぼみ」という意味です。特に泥深くてどろどろしている田んぼは、ドンベッタ、略してドンベともいいます。泥深い田んぼなのでドロップケータ、ぬかるみが多いのでヌカリッタともいいます。飛駒地域ではサワッタ、仙波地域ではヤタ、御神楽地域ではドンベッタなどといいます。このような田んぼは水温が低く、収穫は少ないといわれています。

「ヤタの田植えは、ドロップケートコ（泥深いところ）と、そうでネートコがあって、足もからだも思うように動けネーから、仕事がはかどンネーよ」

山でたきぎを拾い集めることをモシッコリという

かつて灯油などを仕入れることができなかったころは、風呂を沸かしたり、かまどで食物を煮炊《にた》きするのは、たきぎ（別名まき）でした。たきぎとなるものは、杉・桧など小割にした割《わり》木《き》や雑木などでした。これらの割木や雑木を、方言でモシキといいます。山間《やまあい》の地に住む人たちは、山に入って落ちた枝をひろい集め、これを束《たば》ね、持ち運べるようにします。このような作業をモシキコリ、略してモシッコリといいます。モシキは「燃やす木」のこと、コリは小枝などをなわで束《たば》ねることをいいます。

「セフロ（風呂）をタテル（沸かす）にしても、飯《めし》をニル（炊く）にしても、モシキはナクッチャーナンネーモンダカン（無くてはならないものだから）ねえ」（明治生まれの人の多くは、炊くことをニル（煮る）といいました）

最近は、屋内《おくない》でも屋外《おくがい》でもモシキを燃やして暖《だん》を取ったり、煮物をしたりする光景が見られなくなりました。モシキということばが聞かれなくなったために、モシキを知らない若者が増えてきたといわれています。手ごろな大きさのまきを、マキダッポー（マキダッボ）といいます。

子どもを叱《しか》りつけるときに、「マキダッポーでブックラスドー（たたくぞ）」などと父親が大声を張り上げ、「おどしことば」として使うことがありました。

技術的に劣る大工を、ブッツケデークという

昭和のなかば頃まで農家はおおむね木造建築でした。麻のくきで葺《ふ》いた屋根は、通称〝オガラ屋根〟、あるいは〝オガラブキ屋根〟と呼ばれていました。この頃、農家は昔風の家を現代風な家に建て替える過渡期《かとき》にありました。大工は猫の手も借りたいほどの忙しさでした。中には、技量的に劣る大工がいて、このような大工をへっぽこデークとかへぼデークなどといっていました。しかも下手なくせに手抜きをし、やたらに釘を打ち付けたり、仕事が雑だったりしたので、ブッツケデークとかオッツケデークなどともいいました。

「ブッツケデークが建てた家だって、最初、見た目ニャーいいけどさあ。造りが雑で手抜きだらけだから、がたが来るシナ（のは）ハエー（早い）ダンベ」

農家には昭和のはじめ頃まで、ほっ建て小屋のような粗末な造りの便所がありました。それを外便所《そとべんじょ》といいましたが、まれにセッチンという人もいました。セッチンとは仏教（禅宗の用語）語で便所のことをいいます。拙《つたな》い大工は便所ぐらいしか建てられないということから、このような大工をあざけってセッチンデークといいました。

禅宗では便所のことを雪隠というほかに、高架《こうか》ともいいました。内便所は上（高い所）にあるというので、正しくは上高架《かみこうか》といいます。佐野では訛《なま》ってカミゴカ・カミコーカといい、これがさらに変化してカミオーカともいいました。

農家の人たちは仕事の助け合いをテマッカリという

田植えや稲刈りなど農作業でもっとも忙しい時期を農繁期といいます。この時期は猫の手も借りたいほど忙しく、その忙しさを少しでも和らげようと、組合内の農家は互いに労力を交換し合いました。組合内に農家が五軒あれば、雇ったり雇われたりして協力し合います。労力を交換して行なう作業は、普通「協同作業」といいますが、方言ではこれをテマッカリといいます。ほかにテマッカイ（エ）、テマカイ（エ）、テマッケなどともいいます。テマッカリは、イーシゴト・イーッコ・イ（エ）シゴトなどともいいます。

テマッカリは一般に田植えや刈り取りなど農作業に関することばのように思われますが、それ以外にも、テマッカリに関する仕事はいくつもあります。「屋根葺《ふ》き」と「木《き》の葉さらい」の例を挙げてみましょう。

屋根の葺き替えもテマッカリです。佐野は昔から麻の名産地で、麻の茎《くき》を「おがら」といいました。昭和三〇年頃まではおがらで葺いた屋根がほとんどでした。瓦屋根はあまり見当たりませんでした。おがら屋根は方言でクズヤネといい、その家をクズヤといいました。また、毎年堆肥になる落ち葉をかき集める〝木《き》の葉さらい〟がありましたが、これもテマッカリでした。

三本立ての棒をサンギッチョ（一）という

秋は農作物のとり入れどき、農家にとってはとても忙しい時季です。ところで、農作物の代表的なものといえばやはり米や麦でしょう。食べ物の中心となるもので、生活には欠くことのできないものだからです。秋は稲や麦の刈り入れどきです。刈り取ってから食《しょく》するまでには、乾燥したり脱穀したりたいへんな手間や時間がかかります。ところで、こうした作業に関して伝わってきた方言があります。それらの方言について述べてみましょう。

「稲刈りが終わったらさあ、コンダ（今度は）〝ハデカケ〟（稲掛け）でもヤンベー」

稲を刈り取って小さくたばね、その稲束を横木に掛ける作業をハデカケといいます。ハデカケは稲穂を日に当てて干すための作業です。

三本の棒を結わいて開いた三脚をサンギッチョ（一）といいます。そのサンギッチョとサンギッチョに渡した横木を、ハデまたはハデンボ（一）といいます。イネッポ（稲の穂）を下向きにし、ハデンボに挟《はさ》んでつるします。ハデとかハデンボは、はでぎ（稲掛木）の変化語といわれています。

「ハデカケがヤットコスットコ（やっと）終わったンナ（のは）いいが、あらしでせっかく作ったサンギッチョがオックルケンナケリャー（倒れなければ）いいけどなあ。イネアゲ（干した稲を納屋に取り入れること）まで天気がもてばいいンだけど」

ハマ（輪）は、破魔矢の「破魔」と同じもの

リヤカーや自転車など円い形をした車輪をハマといいます。「自転車のハマがよくマーンネン（回らないん）だよ」「トラックのハマがオッパズレ（外れ）て大事故になったことがあったね」などといいます。子どもの頃は、タイヤを取り外した自転車のハマのくぼみを棒で押すとくるくる回るので、オーカン（道路）を、行き来して走り回ったものです。その遊びを「ハママーシ」とか「ハマアスビ」といいました。車がほとんど通らない昔のオーカンで、ハマ回しをして遊ぶことは、男の子の楽しみのひとつでした。

ハマは破魔矢《はまや》が意味変化して生まれた方言です。昔、悪魔を取り払うために、破魔《はま》という藁《わら》で作った円座の的《まと》に向かって、小弓で矢を放ちました。関東地方（田舎）では、樫《かし》の木を輪切りにし、それをハマといってそれを転がしました。くるくる転がるハマを、木の枝や竹の竿で押し伏せました。こうすることが悪魔を払うことだったのです。これは正月に行う古くからの行事でしたが、のちに子どもの遊び（競技）となりました。この遊び方は形態こそ違うものの、日本の各地で行われていました。

正月に転がす木の輪切り（円座のようなもの）をハマということから、木の輪切りと同じように転がる車輪を、佐野ではハマといいました。

お手玉をオナンゴというようなったのは？

県内で使われているお手玉の方言には、オヒトツ・ナンゴ・オシナコ・オジャッキ・オンジョコ・オシンジョ・オヒトギなど約十四種あります。これらの中で、特に多くの地域で使用されているものは、県北や東部のオヒトツ、南部のナンゴです。佐野とその周辺の地域ではほとんどナンゴといっています。ていねいな言い方はオナンゴです。

小豆《あずき》などを入れた丸い布袋《ぬのぶくろ》をオナンゴといい、鶏卵を一まわり大きくしたものです。かつて食糧難であったときには小豆の代わりに小石を入れたこともありました。

オナンゴを幾つか手に持ってつぎつぎと投げ上げます。落ちてくるオナンゴを受け取ったり、あるいはオナンゴの一個を空中に投げ上げ、下にあるオナンゴと落ちて来たオナンゴを同時につかみます。これは女の子の遊びです。つかみ取りに失敗しないで、何個《なんこ》つかむことができるかを競い合ったりします。この「何個《なんこ》」は、お手玉そのものをいうようになり、ナンゴという方言が生まれました。

佐野ではこの遊びを、「ナンゴ遊び」とか「オナンゴ遊び」などといっています。ちなみに、北部の方言「オヒトツ」も、オヒトツ、オヒトツ　オフタツ、オフタツ…といいながら、投げ上げたお手玉を受け取る時の数えことばが方言となりました。

おはじきをキシャゴという

女の子の遊びの一種に「おはじき」があります。直径が二センチほどの丸くて平たいガラス製のもので、これを用いて遊ぶことを〝おはじき遊び〟といいます。数人でおはじきを出し合い、これを席上にまき散らします。それを指先で弾《はじ》いて当てる遊びです。

この遊びには簡単なルールがあって、それに従って弾《はじ》きます。一般に気候の寒い冬から春先にかけて、日当りのいい縁側《えんがわ》などを利用しました。いろり端《ばた》で遊ぶこともありました。このおはじきを、キシャゴといいます。キシャゴは、本来巻貝《まきがい》で、キサゴまたはキサコ（喜佐古）といいましたが、これが訛《なま》って、キシャゴになったといいます。その後、巻貝は使われなくなり、ボタンのような形をしたガラス製のものになりました。

「縁側ダラ（なら）、アッタカカンベ（暖かいだろう）から、そこでキシャゴでもしてアスンベヤ（遊ぼうよ）」

佐野には海がないので、キシャゴについては何も知りませんでした。最初に伝わったボタン状のガラス（おはじき）が、キシャゴだったので、そのままわけもわからず使っていたのだろうといわれています。キシャゴといっていたのは昭和の初め頃までで、その後は「おはじき」というようになりました。キシャゴは、もう死語となったといってもいいでしょう。

パーは男の子の遊び道具

パーは、ボール紙で作られた円形のものや四角形のものだった。これを使って遊ぶ玩具《がんぐ》を、共通語では「めんこ」といいます。古くさかのぼると、このボール紙に、鬼や七福神の面《つら》を模《も》した絵が描《えが》かれていました。これがもとでめんこ（面子）と呼ばれるようになったといわれています。後になると、このめんこには、武力にすぐれ、名前の知れわたった勇ましい侍の姿や顔が描かれるようになりました。

めんこは、比較的新しい時代の遊びですが、活動的で荒々しいということもあって、女の子には受け入れられず、男の子の遊びでした。佐野でめんこ遊びが流行し始めたのは、明治二〇年頃からといわれていますが、その当初はめんことはいわず、パーといっていました。

パーとは、相手のめんこを裏返しにするために、自分のめんこを、勢いよく地面にたたきつけるときに出る風圧音（擬音語《ギオンゴ》）です。中にはハンテンコ（半纏）のすそに、パーをはさみ込んで風の力を利用することもありました。

「ずるいやつはハンテンコにはさんで、風の力を利用し、イチゲニ（一度に）パーをニメー（二枚）もヒッペガス（裏返しにした）ンだから……」

相手のパーを裏返しにすると、そのパーは自分のものになります。この遊びはその後だんだん衰退《すいたい》し、今ではまったく見かけなくなってしまいました。

水中に潜ることをズンブックグリという

川には、流れの速いところがあれば遅いところもあります。また、水深の深いところがあれば、浅いところもあります。特に深いところは、フカンボといったりフカンドなどといいます。水の湧《わ》き出る深いところは、イズンボといって、フカンボ（ド）と区別しています。

夏休みになると、子どもたちは「ミズアスビ（水浴）」といって、イズンボやフカンボ（ド）に行って泳いだり、もぐったりします。水中に全身を沈めることをズンブックグリといい、楽しい遊び方のひとつでした。水中にどのくらい長くもぐっていられるかをきそう遊びでもありました。

「フカンボにズンブックグリして、マーリ（周り）をじっと見てみな。ニガッパヤ（はやの一種）やヤモー（やまめ）の泳いでンのがヨークメールド（よ）」

ズンブックグリしたまま水中に、どの程度長くいられるか、我慢くらべする遊びもありました。ズンブのもとの形はズブで、全身を水中に入れることをいいます。

ズンブックグリするのと同じ意味の方言に、ツンモ（ム）グルがあります。

「あの子はフカンボにツンモグルや、川ン中を泳ぎマーッテルンだってガネ」

ジグルーは、激痛とは無関係だった

頭が絶えまなくうずくように痛むときには、「ずきずきする」といいます。もっと痛むようなときには、「ずっきんずっきんする」といいます。さらに痛くなると、「がんがんする」などといい方が変ります。歯も同様に、にぶく傷むようなときには「しくしく」といい、傷みがはげしくなると、「ずきずき」「ズッキンズッキン」などといいます。痛さの程度に合わせて言葉も変わり、痛さの程度を使い分けています。ところが、我慢《がまん》ができないほどの激痛が走ると、その傷みに耐えかねて転げ回ることがあります。この状態をジグルーといいます。

「あの人はサー、昨日、木からオッコって足に大けがしたんだって。夜になったら痛み出して、ジグルッてたんだってさー」「胃がジグルーほど痛かった」

ほしい物が手に入らないと、怒《いか》りもがいてはげしく地面を踏みながら泣きわめく子ども、地面に寝転んで手足をばたばたさせながら、はげしく抵抗する子どもがいます。そのようにはげしく暴《あば》れ回ったり、転げ回ったりするようすをジグルーといいます。ジグルーはもともと痛さを表すことばではありませんでした。群馬県など、近県には子どもがじだんだ踏んでるようすを見て、「泣きわめきながらジグルッテル」というところがあります。物をほしがってわめく意のジグルーが、激痛に苦しんで転げ回っている病人にも使われるようになりました。

捻挫することをヒッチゲルという

手や足に無理な力が加わると、くじいて関節などを傷めることがあります。このような状態になることを〝捻挫《ねんざ》する〟または〝くじく〟といいます。方言ではオックジクが一般的ですが、これ以外に足の捻挫にはフンゲス、フングリ（ル）ケス、ヒックジクなどといい、中高年者に広く使われています。

「階段で足首をフンゲシちゃったもンだから、まだチョーガンニ（まともに）仕事もできネンで（ないので）、ヤンナッチャー（困ってる）よ」

フンゲスは、「踏《ふ》み返す」が変化した語で、踏み外すが元の意味です。同じ意味の方言にフングリケスがあります。「踏み蹴《け》り返す」の変化語です。

また、「引き挫《くじ》く」の変化語に、捻挫する意のヒックジクがあります。

「コナイダ（先日）スキーをして、足ツ首をヒックジッっちゃった。そこンとこを触《さわ》るとイテン（痛いの）だよ。しばらく仕事も運動もデキネカモシンネ（できないかも知れない）」

昭和の初期頃まで使われていた方言にシッチゲルがあります。

「石にけつまずいてデングリケッテ（転倒して）……、そン時に手ツ首をシッチゲッッチャッタンだけど、治《なお》りがオセー（遅い）ね」

切り株などが足に刺さることをソラフムという

先端が堅《かた》くて、尖《とが》ったばらのとげなどが、手足に突き刺さることを、ツットサルといいます。これは「突き通さる」が変化したものです。

「うっかりしてばらの木をつかんジャッたらさあ、とげがツットサッチャッテ（突き刺さって）、いつまでもひりひりイテン（痛い）だよ」

杙《くい》などが地面にたたき込めることを、一般にツットサルといいますが、手足にとげなどが刺さった場合でも、「親指にとげがツットサッチャッタ（刺さってしまった）」といいます。

ツットスと同じ意味の方言に、ツッサス・ツッツァスがあり、いずれも「突き刺す」が変化したものです。山道や道路を歩いていると、竹の切り株や釘《くぎ》などが足に刺さったり、最悪の場合はそれが突き抜けてしまうことがありました。このような状態になることを、ソラフムといいます。古くはカットゲサスともいいました。

「こんなとこには、ザザッカブ（竹の切り株など）なんかネーダンべ（ないだろう）と思って歩き回っていたらソラフンジャッタよ」

ソラフムとは、「空（を）踏む」ことで、上を向いて歩いているうちに、うっかりして笹だけの切り株を踏んでしまうということをいいます。これと同じ意味の語にフンドスがあります。「踏み通す」の変化したことばです。

ショックで寝込む気の病をモッコヤミという

突然、自殺の現場を見たとき、あるいは人身事故にあって多量の出血を見たときに、その驚きや強烈なショックで足腰が立たなくなってしまうことがあります。これを「腰が抜ける」といいます。このような状態は、比較的短い時間で正常な状態にもどるといわれています。ところが、恐怖による精神的な強いショックを受けると寝込んでしまうことがあります。明治・大正の人たちは、恐怖と祟りによって生じる気の病《やまい》をモッコヤミといったり、モッケヤミといっていました。今でも強いショックを受けて寝込んでしまうことをモッコヤミといっています。

「この頃えたいの知れネー、ウスッキビワリー（何となく気味がわるい）不潔そうな男を見かけるンだよ。せんだってその男を山ン中で偶然見かけたんだが、こっちををじーっと見てるンで、おっかなくなって足がすくんじゃった。そのショックでまる一日モッコヤミしちゃった」（農家の主婦の話）

モッコヤミ（モッケヤミ）の「モッコ（ケ）」は、昔のことばで「もののけ（物の怪）」が訛《なま》ったもの。物の怪とは、人にとりついて悩ましたり、病気にしたり、ときには死にいたらしめる生霊《いきりょう》あるいは死霊《しりょう》などをいいます。「物の怪病み」が変化してモッコヤミとなりました。

瘤《こぶ》をタンコブツといった

病気のために、皮ふの一部にうずたかい筋肉の固まりができることがあります。その固まりをこぶというが、俗にたんこぶともいいます。このようなこぶがまぶたにできるとじゃまになり、「目の上のたんこぶ」という慣用的なことばが使われるようになりました。佐野弁ではこれを、「目の上のタンコブツ」といいます。ツはこれといった意味のない接尾語です。

また、外傷による筋肉の固まり、たとえば野球のボールが額《ひたい》に当たってできたこぶなども、タンコブツといいます。

たんこぶもタンコブツも、もとは盛り上がった皮膚の固まりですが、特に何の役にも立たないことから、余計なもの、じゃまなものとして扱われてきました。

「しゅうとめは、ウルセーコターいわネけど、嫁にとっチャー、目の上のタンコブツなんだね。だってヨメゴト（ぐち）ベー（ばかり）いってるからさ」

紐の結び目にもふくらみがあります。紐《ひも》の一般的な結び方に、本結びと片結びがあります。これらの結び目はこぶのようなふくらみがあるので、これをタンコブツといいます。

「タンコブツに結んだンナ（のは）エーケド、紐をウデッコキ（思いっきり）ひっぱったもんだから……、何としてもほどけネーンで困ってるンだよ」

目籠をかぶるとメケゴができる

顔や頬《ほお》などに、しみや吹き出物ができたというだけで、年齢のせいだからとか、肌の手入れがわるいからだと気になる話ばかり。顔の一部に腫《は》れ物などができると、話題はさらに膨《ふく》らみます。まつ毛の根もとにばい菌が入って炎症を起こす病気を麦粒腫《ばくりゅうしゅ》、俗に〝ものもらい〟といいます。まぶたのふちが赤くはれて、痛みやかゆみをともないます。この病気を方言でメカイゴ、佐野ではメケゴといっています。

畑や庭の雑草とか野菜などを取り入れる竹製の籠《かご》をめかごといいますが、佐野ではメケゴ（ものもらいもメケゴという）といいます。他にメケ・メーケともいいます。メーケは目が粗《あら》く編んであり、手頃な大きさで使いやすく、農家の人にとって便利なものです。

子どものころ、友だちと頭にメーケをかぶって上機嫌に遊び回っていたら、父に見つかり、そんなことをしたら罰《ばち》があたるからやめろ、と怒られました。

「メーケをかぶるとなあ、メケゴができるンだぞ。まぶたの縁が赤くはれて痛くなり、カエク（かゆく）なるかンな。これからメーケはぜったいにかぶンなよ」

メカイゴの成り立ちは、「目が〝掻イ〟くなる籠」ということばの組み合わせだという老人の話。

べろが荒れるをソキルという

べろは食べ物を噛《か》んだり、食道へ送り込んだりするはたらきをします。また、味噌汁や飲料水を飲むときに、熱さや冷たさを感じるのもべろのはたらきです。その大事なべろの表面が白っぽくなったり、ざらざらになったりすることがあります。このような状態になることを、べろが〝荒れる〟といいますが、方言ではべろが〝ソキル〟といいます。

「隣りンチのばあさんに、べろがソキチャッタッテといったら、そうなったンナ（のは）食べ過ぎたンダンべー、なんていわれチャッタ」

このようにソキルは、べろが荒れて白っぽくなるさまをいいます。老人たちは「胃でもワリンジャーネーケー（わるいのではないですか）」などといったものです。

病気に関するもう一つの方言に〝キューースナル〟があります。悲惨な交通事故を見て、そのショックで気を失ったとか、子どもなどが風邪による高熱で発作を起こしたなどという話を聞くことがあります。このように意識が突然なくなることを佐野でキュースナルといいます。キュースナルは、「気を失う」が変化したもので昭和の中頃まで使っていました。

「子どもが川原でハシリックラ（走り遊び）をしていたら、オックルケッて（転んで）石っこに頭をぶっつけて、キュースナッタンだってさ」

第三部
《人の動き・器官・感情など》と方言

ウザッポイは不快感を表すことば

早朝に田んぼのあぜ道を歩いていると、雑草についている露で、膝下《ひざした》がびっしょり濡《ぬ》れてしまいます。朝早く馬の飼料として草刈りに出た農夫が、戻ってくるや「ザッポクってねえ。びしょびしょ」といっていました。川に入って濡れるのとちがって、雑草の露で濡れるのは気分的にいやなものです。露草刈りは避《さ》けたい気持ちになります。

「田んぼの水見（水加減を見ること）はいいけど、ウザッポクってねー」

このような不快感をともなう濡れた状態を、方言ではツユッペ（ツユッポい）・ウザッペ（ウザッポイ）・ザッペー（ザッポイ）などといいます。

佐野地域ではツユッペ（ツユッポい）、田沼地域ではウザッペ（ウザッポイ）、葛生地域はザッペー（ザッポイ）といいます。地域により使い分けははっきりしています。葛生寄りの作原や長谷場ではザッペーといいます。

ウザッポイの「ウザ」は、気分がはればれしないという意味に「憂《う》さ」という語（古語）があり、それが濁音化したものです。これに「ぽい」がついてウザッポイとなり、さらに訛《なま》ってウザッペとなりました。葛生ではさらに短縮されて、ザッポイとかザッペーといいます。

「クサバッコを歩くと、ザッポクって膝から下はビチョビチョだよ」

男女の付き合い方は鶺鴒《せきれい》に学べ

河原や田んぼに降りて、長い尻尾《しっぽ》を上下に振っているせきれいを見かけることがあります。飛び立つときにはチンチンと鳴きながら、大きな波を乗り越えるかのように飛んで行きます。昭和の初め頃は「せきれい」が訛《なま》って、セキリともいっていました。昭和の半ば頃までは、セキリ以外に、オショーデン（オショデン）といったり、オショーデンが訛《なま》ってオショレンなどともいいました。

せきれいについては昔のお年寄りから、「オショーデンは殺しチャーナンネーヨ（殺してはいけないよ）。作物などにつく害虫を捕《と》って食べる益鳥《えきちょう》なんだから。もしオショーデンを殺したら、目がメーネクナッッチャーカンね（見えなくなってしまうからね）」などと聞かされたものです。せきれいは益鳥であるばかりでなく、男女の「恋」とは何か、「愛」とは何かについて教えてくれる貴重な鳥であるともいわれました。

せきれいは地面で餌《えさ》をついばんでいるときでも、飛び回っているときでも、雌《めす》と雄《おす》は離れることなくいつも一緒にいます。この仲睦《なかむつ》まじいようすを見て、昔の人は夫婦も恋仲《こいなか》にある男女も、こうあるべきだと教えられたというのです。昔の本に、せきれいは別名オシエドリ（教え鳥）ともいうと書いてあります。男女の付き合い方を教えた「教え鳥」が訛《なま》ってオショーデンになったというわけですね。

「行く」・「来る」をヤブといった

佐野では、かつて「行く」とか「来る」ことを、ヤブといいました。子どもが学校へ行く時間なのに、もたもたしていると、父親がやきもきして、「ぐずぐずしてネーで、さっさとヤベー」などと怒鳴りつけたものです。

「ヤベー」は行きなさいという命令の意味と、行こうという勧誘の意味があります。久しぶりに会った友人が、酒でも飲みながら、世間話でもしようかと思って、「今夜、オレンチでいっぱいヤンベジャネーケ？　ヤベヤ」というので、家に帰りさっそくそのことを妻に話したら、「ジャー、ヤベバー」ということで快《こころよ》く出かけました。「ヤベヤ」（来ないか）も「ヤベバ」（行ったら）も親しい間柄で交わされることばです。

ヤベヤ・ヤベバには敬意がないので、目上の人、年上の人に使うことはできません。そこで目上の人には「お出でくださいよ」に相応する「……ヤバっセナ」が使われます。「セ」には軽い敬意が含まれているからです。

ヤブは、古語の「歩《あゆ》ぶ」が訛《なま》ったもので、本来は歩いて行く、歩いて来るという意味です。電車も自動車も自転車もなかったころは、どこへ行くにも歩きでしたから、ヤブは使用頻度の高い方言でした。昭和以降になると、乗り物による行き来が多くなり、それに合わせるようにヤブは消えてしまいました。

日の長い夏はエドコロネすることだ

鶯《うぐいす》が鳴き始める季節になると、植物も目を覚まし活動し始めます。畑に蒔《ま》いた種が芽を出し成長して、実を付けるようになると、農家の人たちは毎日朝から晩まで田や畑仕事で忙しくなります。特に真夏の太陽が照りつける日中の野ら仕事は、暑さとのたたかいで、昼食をとった後には仮眠をとって、疲れをとり体力を維持しようとします。野ら着のまま家の中の適当な場所に、ごろっと寝転んで仮寝することを、佐野ではウタタネ、またはゴロネといいます。ただ赤見ではそれ以外に、エ（イ）ドコロネといいます。ウタタネとはころっと横になって寝ることで、「ころびね」ともいいます。ゴロネは字音のごとくその場にごろりと横になって寝ることをいいます。

田沼地域や葛生地域では、仮寝することを、エドコロネといったり、イドコロネといったりします。昼食をとった後、その居場所に横たわって寝てしまうことから、イドコロネ（居所寝）というようになりました。田沼や葛生の一部の地域にキドコロネがあります。

キドコロネは、野ら仕事を終えて着替えることなく、そのままの姿で仮寝することから、キドコロネ（着所寝）というようになりました。佐野のゴロネやウタタネは新しいことばで、以前は田沼・葛生地域と同じように、エ（イ）ドコロネといっていました。

クラーネもダイジも気にすることはないの意

クラーネは、心配ない、大丈夫だ、気にしなくていいという意味で、佐野では「たいした怪《け》我《が》ジャネーから、医者にかかンナクッタッテ、クラーネよ」などといいます。クラーネは相手を気づかって勇気づけるときに使う場合が多いようです。「苦労がない」の変化したことば「クローネ」が訛《なま》ったものといわれています。県の北部や東部には、もとの語形に近い音「クローネ」が今なお広い地域で使われています。

佐野には、クラーネと同じ意味をもつ方言にダイジがあります。「そんなに急がなくったってダイジだよ。バスにはゆっくりマニャウ（間に合う）からサー」のような言い方をします。ダイジは、「大丈夫《だいじょうぶ》」が訛《なま》ったもので、「確かであって間違いない」がもとの意味です。「大丈夫」が、ダイジョブ→ダイジブ→ダイジと変化したものです。

ダイジョブ・ダイジブは佐野近在（足利や栃木）でも使っていますが、特にダイジブ・ダイジを多く使用する中心地は佐野で、そのうちダイジは主に若い人が使っています。

「ダイジだ、ダイジだ」というから、何がそんなに〝大事〟なのかと思ったら、「（会合に出席しなくても）問題ない」ということだったんですね。クラーネは昔から使われていたことばですが、それに対してダイジは新しいことばです。

オゾイはずば抜けてすぐれているということ

四月は入学式のシーズンです。カバンや靴や学生服など新しいものばかりを身につけ、ピッカピカの一年生が、胸をふくらませて小学校の門をくぐる季節です。明るい笑顔で帰宅しながら元気に挨拶する子どもたちを見て、「元気に挨拶してオゾイ子だねー」といってほめて頭をなでたりしました。機転《きてん》が利き、家事手伝いをし、よく挨拶する子どもなどには、すべてオゾイという方言を用いました。オゾイが訛《なま》って、オゼーともいいました。オゾイは、賢いとか利口だという意味ですが、子ども以外には使えない「児童語方言」といったことばです。

昔、オゾイはだれにでも通じることばでした。だれよりも知識があって頭がよい、だれよりも肉体的に力があって容貌もすぐれている、このような子をオゾイとかオゼーといいました。ところが、頭がよく何にでもぬきんでている人は、悪意にも長《た》けていて怖《こわ》いということから、「悪賢い」もオゾイといいました。後世になって、オゾイは方言となり、「頭がいい」という地方と、「悪賢い」の地方とに分かれました。佐野でオゾイは「頭がいい」という意、茨城県や埼玉県の一部ではオゾイが「悪賢い・恐ろしい」の意として使っています。佐野は茨城や埼玉に近いということもあって、佐野のオゾイには賢いと悪賢いの意味があり、そのときの状況によって使い分けています。

何となく気になることをケジロウという

隣り近所に虫が好かない人、何となく好感の持てない人がいると、その人から遠ざかったり、顔を合わせないようにしたり、身を隠そうとしたりします。うすうすそのことに気づくとその人は、「よくわかンネけど、おれのことをケジロッテルンジャーネーカなあ。何となくおれから逃げてるんミテーダだよ」（よくわからないが、おれのことを毛嫌《けぎら》っているのではないかなあ、あの人は。何となくおれから遠ざかろうとしてるようだから）などといいます。

快《こころよ》く思わない人がいると、態度や行動に変化がみられるものです。そのようすをそれとなく気づくと、おれのことを「ケジロッテル」などといいます。ケジロウを使用しているところは、主に仙波、牧・水木・秋山、野上、飛駒などです。ほとんど山間《やまあい》の地に片寄っています。でも、飛駒はケジロッテルをケジッテルといい、他の地域と異なっています。ケジロウやケジルを使用する人、またはこれらの語を使わないが知っているという人は、高齢者に限られています。中年以下の人たちは使ったことも聞いたこともないといいます。死語にもっとも近い方言といってもいいでしょう。ケジロウもケジルも語源的には同じです。それとなく感じる、あるいはそのようなふりをしているという意味の古語「けず（じ）らう」が変化したものです。

がむしゃらに行動することはムテッコジ

物事を深く考えず、がむしゃらに行動することを、ムテッコギあるいはムテッコジといいます。「あの男に道具を貸してやってもいいが、ムテッコジだからボッコシチャンジャネーン（壊してしまうのではない）かと思うと、きが気ジャーネー（ではない）よ」

ムテッコギのムテは、前後みさかいがなく乱暴に扱ったり、行動することをいいます。つまり「無手」の意で考えることもなく無理やりに行うという意味です。「コギ」は荒々しさを外《そと》に出すという意の「放《こ》き」の意。これは「嘘《うそ》ッコキ（嘘つき）」などというときの「コキ」と同じ意味です。

ムテッコギ（ムテッコジ）と意味や用法のほとんど同じ方言に、ガショーギ（キ）があります。「この段ボール箱にはガラスがへーッテッから（入っているから）、ガショーキ（乱暴）に扱うと、オッカケッカンナ（壊れるからな）、キー（気を）つけてそーっと持ッテギナ（持って行けよ）」

ガショーギ（キ）は、がむしゃら・乱暴・手荒という意味です。ガショーギ（キ）は江戸時代に発生したことばだといわれています。県南地方、特に佐野とその周辺には、ムテッコキ・ムテッコジと合わせて、ガショーキも多く使われています。

人ッケスミして泣きソッペになる子ども

見慣れない人を見ると、はにかんでうつむいたり、恥ずかしがって泣き出したりする子どもがいます。このように人見知りすること、あるいはその子どもを「ヒトッケスミ」といいます。

「アソコンチ（あそこの家）の子はヒトッケスミで、話かけべ（かけよう）と思って、近寄ったら下べー（ばかり）向いて、顔を上げネンダよ」

「ヒトッケスミ」は、異様な感じがして不思議に思うという意味の「怪《け》し」と、いやになる、きらいになるという意味の「倦《う》み」が結びついた方言です。いずれも快《こころよ》く思わないという意味です。次にソッペという方言について説明しましょう。見知らぬ人が赤ちゃんをあやそうとすると、恥ずかしがってよそ見したり、ついには目がうるんで、今にも泣き出しそうになります。このような泣き出す寸前の顔をナキソッペといいます。

「友だちの赤ちゃんはかわいんで、あやしてヤンべ（あげよう）と思って近よったら、恥ずかしそうに泣きソッペになっちゃってさあ。赤ちゃんには初めて見た顔なンで、よく知ンネからだんべネー（知らないからでしょうね）」

泣きソッペは「泣きそう」に「ぺ」がついたものです。この「ぺ」は、傾向・様子・状態などを表す語（接尾語）で、「横タッペになって（横向きの状態で）居眠りする」ときの「ぺ」と同じです。

セッチョは「説教」が変化したことば

植物や動物をよく観察しながら念入りに世話をしたり、面倒をみたりすることをセッチョするといいます。必要のない世話まですることを、「余計なお世話」をするといいますが、これにあてはまる佐野方言に〝セッチョ〟があります。

「あの人は会社を定年になってっから、まいンち（毎日）盆栽をながめチャー、枝を切ったり曲げたり、セッチョベー（世話ばかり）してるんで、今ンとこ退屈するコターー（ことは）ナカンベー（ないでしょう）」

器械や道具類などに深く興味をもっていると、丹念《たんねん》に観察しながら触ったり動かしたりします。このようにいじり回す行為も「セッチョする」といいます。

「あの子に、おもちゃを買ってやったばっかりなんだのに、めずらしいもんだからセッチョして（いじり回して）、ハー（もう）、ボッコシチャッタ（壊してしまった）ンだって？」

セッチョのもとの意味は教えさとすという意味の「説教」が訛《なま》ったものといわれています。ところで、説教は、ものの道理を語り、堅苦しい話や意見めいた話はしないこと。そしてわかりやすく語りかけるように話すことだそうですが、子どもがおもちゃを「セッチョしてこわした」というのは、おもちゃをよく理解したかったからでしょう。

ヒックルケシタックルケシは同じ動作の繰り返し

季節の変わり目になると、「バーゲンセール」とか「大安売り」と書いたデパートや商店の宣伝広告・チラシなどが目にとまります。激安と書かれた衣類売り場は、われ先にと集まった女性でごった返します。買いたい物、見たい物を手に取って、品物の裏表をひっくり返したり、色や大きさや模様などを繰り返しながら見ているようすは、目まぐるしい感じがします。このように同じ動作・行為を繰すさまを、方言でヒッケシタッケシといったり、ヒックリ（ル）ケシタックリ（ル）ケシなどといいます。

「あのじいさんは、年取ったせいか、いつ会っても同じことを、ヒックルケシタックルケシ言うんだから……。年を取るとねえ」

「うちの子は、おもちゃの電車を欲しがったんで買ってやったら、最初はヒッケシタッケシ見てたんだけど、結局ワスラシテ（いじくり回して）、ボッコシチャッタ」

ヒッケシタッケシは、ヒックリ（ル）ケシタックリ（ル）ケシが変化したもので、「ひっくり返す」という語と、「手繰《たぐ》り返す」が結び付いたもの（合成語）です。ちなみに手繰るとは、両手を使って動かし、手元に引き寄せることをいいます。ヒッケシタッケシと同じ意味の語に、トッケシタッケシもあります。

得意になることをハバッキという

物の長さや広さを表すことばに「幅《はば》」があります。物以外にも、心の広さや豊かさを表すときに「幅」といいます。〝幅のある人〟といえば、心が広くてゆとりのある人をいいます。心が広く豊かな人の行為が、はぶりをきかし勢力をのばすと、「幅を利かせる」のように、「幅」は勢力や力（能力）を表すことばになります。また、そのことを自慢する方言として、「ハバにする」が使われるようになりました。

「子どもが、みんなから『オゼー（頭がよい）子だね。マッサカ（とても）サカシー（賢い）子だね』などといわれ、あの奥さんは、それをハバ（自慢）にしてるんだってさ」

ハバとよく似た方言に、〝ハバッキ〟（得意になること）があります。自分は人よりも優れているんだという心持ちをいいます。得意になって、自慢したりすることをいいます。

「あの男は、笑わせべ（よう）と思って、みんなの前にシャシャリ（差し出がましく人前に出チャー（出ては）、ハバッキ（得意そう）ンなって色話をするんだってガネ」

ハバッキは、自慢する意の「ハバ」と、気持ちの「気」が結び付いたもので、得意な気持ちになること（さま）、自分だけが満足しうぬぼれた気持ちになること（さま）をいいます。

朝起きて顔を洗わない人はミソッコケ

朝起きたまま顔を洗わずにあちこち動き回っている者を、方言でミソッコケといいます。面倒くさいといって、手足を動かそうともせず、身だしなみのわるい無精者をののしっていう方言です。一般に家庭内で親が子に対して使うことが多いようです。

「この子ったら、まだ顔を洗ってネンダガネ（ないんですよ）。このサエネー（汚ならしい）顔を見リャー（見れば）ミソッコケかどうか、すぐわかるダンベー？（でしょう）」

ミソッコケは、味噌桶《みそおけ》が変化したものです。本来は味噌を入れておく専用の大きな桶《おけ》や樽《たる》をいいました。朝起きて顔を洗わない人を、味噌の付いている桶のようだというように、味噌桶にたとえていうようになりました。味噌は栄養があり調味料としてもすぐれている食品である反面、その色やようすなどを見ると汚らしく不快感をおぼえます。そのために、「味噌を塗る」（対面をけがす）・「味噌を付ける」（失敗する）などということばが生まれました。

昭和の初め頃まではほとんどの農家で、米・大麦・大豆・麹《こうじ》・塩などを、大きな味噌樽《みそだる》に入れて発酵《はっこう》させ、自家用の味噌を作りました。これらの味噌樽は、ミソベヤ（味噌部屋）とかミソグラ（味噌蔵）といって、特別に造った別棟に保存し、いつでも調味料として使用できる状態にしてありました。

かたくなで強情っ張りをギゴという

人のいうことを無視し、自分の主張や意志を曲げずに、無理に押し通そうとすること（人）を、共通語では頑固《がんこ》または一刻《いっこく》といいますが、佐野ではこのような人をギゴといいます。

「あの親父《おやじ》ったらさあ、自分が言い出したコター（ことは）、間違ってタッテ（いて）も、ぜったいに曲げネカンネー（曲げないからね）。あんなギゴ親父は、今日日《きょうび》めずらしンジャーナカンベカ？（ではないでしょうか）」

明治の頃までは男性社会というせいもあって、自分の考えや意志を曲げようとはしないおやじ（父親）が多く、時には威張《いば》り散らすおやじもいました。このようなおやじを共通語で「頑固おやじ」といったり、「義強《ぎごわ》おやじ」といっていました。ギゴはこの「ぎごわ」が省略されたものです。ギゴの意味とよく似た佐野方言にカタバリッカがありますが、これは片意地を張る人をいいます。

「人の話も聞こうとしネーで、自分の考えることベー（ばかり）押し付け、押し通そうとするカタバリッカ（頑固者）ジャー、まあ、話ンナンネーね」

カタバリッカは、片意地を張る人（家）という意味です。昭和の初め頃まで各地で広く使われていました。だが、その後は次第に消え、今では知る人さえいなくなってしまいました。

仕事が嫌いな男をジジオコといった

まじめによく働く人をカセギモン、ハタラキモンといいますが、やや軽蔑《けいべつ》の意を込めてカセギヤ、カセギニンなどともいいます。これとは反対に、年齢的に若いのに、年老いたお爺《じい》さんのように働かず、毎日ぷらぷらしている人（若男）を方言でジジオコといいます。

昭和の初め頃までは、養蚕《ようさん》が盛んで、多くの農家で蚕《かいこ》を飼っていました。蚕が成長する過程に、「眠《みん》」という期間があり、この間は静止状態になって、桑の葉も食べず眠りの状態になることをいいます。眠りが終わると脱皮が始まります。こうした行為を四回繰り返したのち（四眠という）、口から糸（絹糸）を吐《は》き、繭《まゆ》を作り始めます。蚕はみな同じように成長するとは限らず、育ちの遅れる蚕もいます。このような蚕をオクレッコといいますが、中には食べるだけ食べて大きく生長しても、繭を作らない食い逃げ蚕もいます。このように役立たずの蚕をジジオコといいます。爺《じじ》とオコサマ（「蚕」に対する尊敬語）の「オコ」が結び付いてできた方言です。大正生まれの人たちは、このような蚕になぞらえて、家に引きこもって仕事もせず、寝転んでばかりいる中年男を、ジジオコといいました。

「まだ四、五〇歳代の若さだというのに、食べるだけ食べて何もしネーモンだから、近所の人たちは、あの男をジジオコだっていってヤンシタ（ました）よ」

心を入れ替えることを、ドショズクという

あることをかたくなに守ろうとしていたが、やむを得ずあきらめ素直に受け入れるようになったことを、ドショズクといいます。

「屁理屈《へりくつ》べー（ばかり）言って、みんなにヘラツイテ（さからって）いたあの男も、とうとうドショズイタとみえて今ジャー（では）黙り込んでイルッケヨ（いるよ）」

ドショズクは、土性骨が困難にもくじけない強い根性の持ち主をいいます。その根性が次第に尽き果ててしまったということから、「あきらめる」「断念する」の意に転じたことをドショズクいいます。

あきらめると同じ意味の古い共通語に「ウンジョー」があります。これまでの体験から高望みすることはせずにしっかりした心をもつことを、佐野方言でウンジョースルといいます。特に嫁入り前の女性に多く用いたことばです。「ウンジョーシタ人（女性）」といえば、苦労して何でもわきまえている人をいいます。

今から五、六〇年前には、「あの娘《こ》は、セツネー（貧乏な）家《うち》に生まれ育ったんだってガネ。ああいう娘はウンジョーしてッ（苦労）から、嫁にもらった家《うち》はヨカンベー（いいでしょう）」と、こんな話が昔はよく聞かれたものです。

座ったまま前に進み出ることはイジャリデル

膝《ひざ》や尻《しり》を畳や地面につけたまま前に進み出ることを、共通語では「いざる」というが、佐野方言ではイ（エ）ジャリデルとか、イ（エ）ザリデルなどといいます。

「耳が遠くなってお坊さんの声が聞ケネー（聞こえない）から、このまんまイジャリデテ聞くべーなんて、隣りに座っていた婆さんが小声でブックサ（ひとりごと）いってたっけ」

イジャリデルは、「いざる（居去）」が訛《なま》ったもので、膝《ひざ》や尻を畳や地面につけたままの姿勢で、少しずつ前に進み出ることをいいます。

これとは反対に、前を向いたままの姿勢で少しずつ後ろへ「下がる」ことをヒシャルといいます。シッシャル・シチャル・シッチャル・シッツァル・ヒシャル・ヒッシャル・ヒッチャル・ジサルなどともいいます。後ろへ下がること（後退）は、アトッチャリともいいます。

「前の方がエラク（ひどく）混み合ってッカラ、ワリーケンド（申し訳ないが）後ろにいる人は、ジングリジングリニ（順番に）ヒシャッテクンナカンベカー（後ろへ下がってくれませんか）」

ヒシャル・シッチャルなどは、後ろへ引き下がる意の「しさる（退）」が訛《なま》ったものです。

中高年者は今でもなお使用しています。

だれも寄り付かない嫌われ者はサブケノカミ

怠《なま》け者やけちん坊といわれる人はいつの世にもいるものです。そのような人の性格や行動にふさわしい方言のあだ名があります。ろくに仕事もせずに食べることだけは人一倍、でもこれといって身につけたものは何もありません。芸もなければものを作る能力もなく、くる日もくる日ものらりくらりと過ごす怠け者を、佐野方言でゴクッツブシといいます。

「マインチ（毎日）何もしネーで、遊んで暮らしているゴクッツブシが、今日もあの辺をホッツキマーッ（歩き回っ）ていたったよ」

ゴクッツブシは「穀潰し」の変化したもので、働かないで穀（米）を食いつぶすというのが元の意です。人につきまとってただ飲み、ただ食いする者をアブラムシといいます。農作物に寄生する害虫「油虫」を、人になぞらえていったものです。

「奴《やつ》はアブラムシだから、ダーレ（誰）もヨッツカネー（寄り付かない）ンだってさ」

身勝手で言うことをきかない愚か者を、ヨトサレ、またはヨトサレモンといいます。このことばは、知恵の足りない者を「与太《よた》」というように、その名前から出たことばです。

サブケノカミは嫌われ者をいいます。本来邪魔をする神のことでしたが、性格や言動が普通でない者をいうようになりました。

投函することはボッコム

掛けやで杭《くい》などを地面に打ち込んだり、かなづちで釘を打ち込んだりすることを、共通語では「打《ぶ》ち込む」（「打《う》ち込む」とも）といいます。佐野方言ではボッコム・ブッコムといいます。

「土地の境目にはちゃんと杭をボッコンでおかネと、オッツケ（将来）境界はどこだなんてことで、エレーコトン（たいへんなことに）なるかンね」

手紙やはがきをポストに投函することもボッコムといいます。これも「打ち込む」の意味が変化したもので、「入れる」のぞんざいな表現です。

「ちっと待っててクンネケー（ください）。手紙を郵便ポストにボッコンで（投函して）クッカン（来るから）ね」

池や川に石や物などを投げ込むことも、ボッコムといいます。

「川ン中に石ッコをボッコンで何するンダンベ？　流れを変えて魚でも捕るンダンベか」

昭和の始め頃までは、地下深く掘って出る井戸水を飲み水としました。井戸を掘ること（または人）を「井戸掘り」といいます。その頃、地下深く鉄管を打ち込み、押し上げポンプで水を吸い上げる方法も行われていました。

地中を掘ることや、鉄管を打ち込むことを、「井戸をボッコム」ともいっていました。

気前がいいことはオッキリガイー

金銭などを惜しみなくつかったり、食べ物などを気前よくおごったりする人を、物わかりがよくて「気前（がいい）」人だとか、「切れる」人だなどといいます。この「切れる」から、方言のオッキリ（「気前」の意）が生まれました。

「あの中年男性はだいぶハデッキ（派手）なようだけど、オッキリもいいンだってね。みんなによくラーメンなどをおごってくれるンだってガネ（よ）」

これとは対照的に、金品などを出し惜しむことを、しぶい（渋）といい、そのような人（こと）をしみったれといいます。これを佐野方言ではシビッタレといいます。

しぶいの外に、しわい（吝）があります。この「しわい」が、けちん坊という意のシヤ（シア）になり、「やつはシヤだから、ろくなもンも食ってネーっていううわさだよ」などといいます。さらにけちん坊を少し強めていうときには、シアッケツ（シヤッケツ）・シヤンボ（シアンボ）などといいます。

「生活ニャー（には）困ってネーンだけど、シアッケツだら出すべきもンも出さネダンべ。アスビ（遊び）にさそってもエガ（行か）ネンだってよ」

そそっかしいはソソラッケ

落ち着きがなく、かるがるしく振る舞うようす（または人）、あわただしくて気分的に不安定なようす（または人）を、佐野方言でソソラッカまたはソソラッケ（ー）などといいます。

「うちの子ったら、ソソラッケだから、ねんじゅうケツマグッ（つまずい）たり、オッコロガッ（転ん）たりして、生傷《なまきず》が絶えねんだガネ」

ソソラッカ（ケ）と意味も用法も同じ方言にソソラがありますが、これはソソラッカ（ケ）が省略されたものです。

「あの男はワケー（若い）頃から、ガサガサ（軽率《けいそつ》）でソソラなもんだから、何やったって失敗したり怪我べー（ばかり）してるんだよ」

子供などが大小便をもらすと、それを見た母親は「あら！　また、そそうしちゃって……」などといいます。この「そそう」は、大・小便をもらすという意味で、このことばがもとになって、ソソラッカ・ソソラッケという方言が生まれました。これと意味のよく似た方言に、チョチョラッカ（ケ）・チョチョラがあります。落ち着かず軽々しく行動することをいいます。

「あの人はチョチョラッケだから、約束した時間になっても、いつ来るんだかわかンネカンネー（わからないからね）」

のどにまつわる方言―ドックム・ノゼル・ヒック―

のどは、食道に通じているし、また呼吸をするときの空気の通路にもなっていて、とても大事な部分です。のどが渇《かわ》くと、思うように声が出なくなったり、物がなめらかにのどを通らなくなってしまいます。のどの動きやそのようすを表す方言の主なものを挙げてみましょう。

食べ物をぐっと一息に飲み込むことを、丸呑《まるの》みする、鵜呑《うの》みするといい、肉切れや錠剤《じょうざい》のような固形物などを、噛《か》まずに飲み込んでしまうことをいいます。このような動作を佐野方言ではドックムといいます。「ドッ」は、飲み込む動作を強めています。

「あの肉は筋《すじ》が多くって、しかもカテーンデ（堅《かた》いので）クッキレネー（かみ切れない）から、一気にドックンジャッタ」

まとそれとは対照的に物が喉《のど》につかえて食べられないことがあります。このような状態になることをノゼルまたはノザエルといいます。「のどに障《さわ》る」が変化したものです。

「そんなにセーッテ（急いで）食うと、ノゼルからキー（気を）つけな」

のどが渇《かわ》いてからからになると、のどがくっつくような感じがします。このような状態になることを、ヒツク・ヒッツクといいます。

「のどがヒツイてたんで、水をコップ一杯クンノン（飲ん）だら、すっきりしたよ」

経済観念のない人をテボッケナシという

世間には、金銭を上手《じょうず》に使い、やりくりのてぎわよい人、また労力や時間などを無駄なくじょうずに使う人がいます。このような人をシンショモチガエーといいます。これとは対照的に、家計をうまくやりくりすることができない人、そればかりか金《かね》づかいも荒く無駄づかいの多い人がいます。このような人を佐野方言でテボッケナシとかテボッケネー人などといいます。

「今月の小づかいは、いつもより余分にやったのに、ハー（もう）使ッチャッタンだって？アレバアリマチ（あればあるだけ）ってことね。まあ、なんてテボッケナシなんダンベー」

テボッケナシは、「手持無《てもちなし》」が変化したものといわれていです。することがなくて退屈であるとか、手があいていて間《ま》がもてないといった意味でしたが、テボッケナシは経済観念のない人、要領がわるく、金銭的なやりくりが下手《へた》な人をいうようになりました。さらに意味が変化して、ぼんやりしていて気がきかない人も、テボッケナシというようになりました。一方、金銭や物を有効に使わない、あるいは無駄づかいする人を、ツカイッポケといいます。

「あの男はツカイッポケだから、金《かね》なんか貯《た》まんネーよ」

ツカイッポケは、「使い惚《ほう》ける」が変化したもので、無駄づかいばかりする、わけもなく浪《ろう》費《ひ》するという意味です。

叱るを強めていう方言はコキノメス

子どものころ、年下の者があやまったり、年上の者が年下の者ををいましめたり、あるいはとがめたりします。このように強い調子で教えさとして注意することを「叱る」といいます。叱り方はあやまちの程度によっていろいろです。方言の叱り方、注意の仕方にもいろいろあります。その主なものに、オドスとコキノメスがあります。共通語の「おどす」は、相手を恐れさせたり、おびやかしたりすることで、恐怖心をうえつけておじけづかせることをいいますが、方言のオドスは、単純に叱ったり注意することをいいます。

「叱られる」という意味の方言には、〝オドサレル〟よりも、むしろ〝オッツァレル〟が多く使われます。

「あの子がいたずらしたンで、ひどくオッツァレルと思ったンダンべか。このごろあの子はさっぱりメーナク（来なく）なっちゃった」

「叱る」を強調したものに、コキノメスがあります。コキノメスには「叱る」とか「注意する」意をよりいっそう強い意味を含んでいます。コキノメスは、「やる」と結びついて、「コキノメシテやる」という言い方をします。

「トーシ（いつも）注意してるんだけど、あの子はいうことをキクッチャーネー。コンダ（今度は）コキノメシテヤンべとモッテ（思って）さあ」

恥ずかしいを方言ではナリガワリーという

やせ衰えた姿や無様《ぶざま》なかっこうを、人に見られたり、笑われたりすると、きまりが悪く穴があったら入りたい気持ちになります。このような気持ちを表す共通語に、「恥ずかしい」、「みっともない」などがあります。方言にも、多少意味のちがいはありますが、ナリガワリー・ヒトギキガワリー・ミットガネー・ゲーブンガワリーなどいろいろあります。

「髪《かみ》の毛はぼさぼさ、しかも髭《ひげ》もじゃでさあ。そんなだらしネーかっこうでほっつき歩かれチャー、奥さんに、〝ナリガワリーから、よそへは行ガネでくれ〟っていわれても、シャーナカンベー（言いようがないでしょう）よ」

身内のもめごとなどを、他人にいいふらすことは、聞いて感じのいいものではないし、恥ずかしいことです。この「恥ずかしい」に相当する方言に「ヒトギキガワリー」があります。これは「人聞きが悪い」ということで、他人が聞いて感じがよくないというのが本来の意味です。

「おれは運が悪かった、こんな破目《はめ》になるはずじゃなかった、などと繰り返しヨメゴト（ぐち）いうのは、ちょっとヒトギキガワリーよ」

ヒトギキガワリーと同じ意味の方言に、「ゲーブンガワリー」があります。「外聞が悪い」ということですが、今ではほとんど使われなくなりました。

気力も体力も衰えた状態をヤクザという

気力も体力もないさまを、方言でヤクザといい、肉体的な力のない人、精神的に弱い人をヤクザモンといいます。力のない馬や牛、または壊れやすい物などにもヤクザモンといいます。

「あのヤクザ人足《にんそく》ジャー、重い物を持ったり運んだりするには、ちょっとキチー（きつい）ダンベ。そう簡単ニャー終わンネよ」

年を重ねると、だんだん記憶力が衰えます。聴力や視力も衰えます。特に目立つのが歩き方や手足の動きがぎごちなくなることです。

「わたしのように、よぼよぼの婆さんになると、手足だって腰だって、ヤクザンなっチャッテねえ。座ったり立ったりするコター（ことは）できネンですよ」

気が小さく人前ではきはきしないことをヤクザといい、そういう人もヤクザモンといいます。

牛や馬など田畑を耕す家畜などにも、体力がなければ、ヤクザな馬だなどといいます。

「田畑をカンマシ（かき回し）てるとき、よく立ち止まる馬はもともとヤクザなんだって」

人や動物ばかりでなく、品質のわるい物や壊れやすい物などにもヤクザといいます。

「この竹かごは、ド素人（しろうと）が作ったンで、ヤクザなモン（粗末品）だよ。そのうちかごの形も目も崩れチャーよ」

転ぶようすを表す方言のいろいろ

石などにつまずいて倒れることを、〝転ぶ〟とか〝こける〟などといいます。方言では普通、転ぶことをコロバル・コロガルといい、やや強めてオッコロガルともいいます。転ぶとはいうものの、そのときの状態にはいろいろあります。駆《か》け足をしているときには勢いよく転ぶし、歩いているときには前のめりするように転びます。このように転ぶときの状態はさまざまです。転び方にはいろいろあるように、方言にもいろいろあります。よそ見して歩いていたために転ぶというこは、ごく普通にあることで、方言ではコロバルとかコロガルなどといいます。では、転ぶようすとその方言について述べてみましょう。

「じゃり道だけど石っころだらけだから、コロバッて怪我《けが》なんかしネーように、セカネ（あわてない）でゆっくり歩いて行ギなよ」

「じいちゃんが散歩中に、小石にけつまずいてオッコロガッタンだってさ。顔面がチダラマッカン（血だらけ）なっチャッテねえ」

駆《か》け足をしているときに、つまずいて勢いよく転ぶことがあります。そのような転び方をデンナガルといいます。ほかにもデンゲル・デチナガルなどがあります。

「よそ見しながら走ってたンで、デンナガッてさあ、大けがしチャッタ」

欲が深く出し惜しみする人はケツッツマリ

世間には金銭を出ししぶったり、物を貸したり与えたりすることを惜しむ人がいます。一方、金銭や物にはそんなに執着《しゅうちゃく》しない人もいます。金品などを出ししぶる人を、普通けちんぼ（う）とか俗に握屋《にぎりや》などともいいます。佐野方言にも、シア（ヤ）ンボ・シア（ヤ）ッケツ・シミ（ビ）ッタレ・ヨクッカキ・ヨクッタカリなどがあります。

金銭や物を、気前よく使ったり出しりする人を、佐野方言で〝オッキリ（レ）ガイー〟といいます。オッキリガイーは、刃物《はもの》の切れ味がいいを比喩的《ひゆてき》に表現したものです。

「コナイダ（この間）老人会の人たちが一泊二日で温泉旅行に行ったんだって。そンとき、あンたのご主人がみんなにジュースやお菓子などをおごってくれたんだって。ご主人は人がいいっていうか、オッキリガイー方なんだね」（ある老婦人の話）

出し惜しみする人は、度量がせまく、尻穴《けつめど》が小さいといわれています。もったいないからといって、大便さえも排泄《はいせつ》しようとしない欲深い人を、ケツッツマリといいます。

「あの人は、ヒトンチ（他人）の酒は飲むくせに、ジブンチ（自分の家）の酒を、ヨソンチ（隣近所）の人には、これっチンべも出さネンだって。ケツッツマリなんだねえ」

やわらかくて細長い毛をモクタッケという

目の上にはまゆげ（まいげとも）があります。このまゆげを佐野弁でマミゲまたはマミヤといいます。これらの方言は古くからあり、昭和の中ごろまで使っていました。今でも、昭和の終わりごろになると、マミヤもマミゲも使用する人がだんだん少なくなり、今ではまゆげということが多くなりました。おとなになってもえり首などに、幼児の産毛《うぶげ》のような、細くてふわふわした毛が生えます。この毛を佐野弁でモクタッケといいます。

膝頭《ひざがしら》は別名、膝株《ひざかぶ》、膝こぶし、膝小僧《ひざこぞう》などともいいます。佐野弁には、ヒザンボ、ヒザンボコ、ヒザッコ、ヒザッコブ、ヒザッカブのようにいろいろな呼び名があります。昔の人は膝《ひざ》頭《がしら》の形から、見て感じたものを率直に表現したものだと思われます。

出額《でびたい》が訛《なま》ったデビテは、かってはデボともいいました。デボは出ているところという意味です。このデボはすでに死語となってしまいました。指先の爪の生えぎわの皮膚が、特に冬の寒い季節になると、細く裂けて逆立つことがあります。裂けて逆立った細くてかたい皮膚をサカサズメといい、略してサカサともいいます。

「サカサズメがたってるとは知らネデ、靴下をはくべとしたら、サカサズメがひっかかってイテー（痛い）からさっそく切り取ったよ」

気の利くことをキタイという

よい行ないをした子どもをほめる方言には、どんなものがあるでしょうか。

頭のいい子、機転の利く子にいうオゾイ・オゼーについては、すでに「広報さの」に掲載しました。

そこで今回は、家事手伝いや挨拶など行儀や作法に対するほめことば「キタイ」、および行動やしぐさに対するほめことば「ハシッコイ」、「マメ」などについて述べてみましょう。

キタイはどのようなときに使うのか、まず、その例をみてみましょう。

「あの子は道ばたで近所の人にデッカス（会う）と、チャント（きちんと）あいさつするんだってさ。だから、みんなからキタイ（な子）だねえっていわれてるんだって」

言うことや行なうことがしっかりしていて、心打たれるような子を見ると、トショリ（老人）は、「キタイな子だねえ」などといってほめます。子どものほめことば「キタイ」には、並々でなく珍しいという意味が込められています。

さらに子どものほめことばに、ハシッコイ・ハシッケーがあります。動作がすばしっこくて敏捷《びんしょう》だという意味です。物事がつっかえることなく素早く進行するという意味もあります。

「あの子は小柄《こがら》だったけどハシッケーから、運動会ジャーいつも一等だったよ」

子どもが物ほしさにすねることはジュク（ジク）

子どもは好き勝手に行動することがよくあります。さとしてもそれに応じようとするようすもなく、いうことをきかないことがあります。それどころか生意気なことを言ったり生意気な態度をとったりすることさえあります。これを共通語では「小生意気《こなまいき》」といいます。方言では、これに似た言動をイケコシャクといいます。

「子どものくせに、イケコシャクユーンジャネー（いうのではない）。黙ってな」

イケコシャクは、一〇歳位までの児童に対していうことばです。まだ社会的な知識や経験がとぼしいはずなのに、身分に不相応なことをいう行為をいいます。

コシャクとは、ことばづかいや行動がこましゃくれていて、しかも生意気なことをいうなど腹立たしいことをいいます。コシャクには意味を強める語（接頭語）イケがついて、こざかしいとか生意気だを強めています。

子どもがあれこれ好きかってなことをいったり、理屈に合わないようなことをいったりすることをイグサといいます。このイグサの意に似た方言にジュク（ジクとも）もあります。ジュクは地域によって、ジューク・ジュークーのように伸ばして発音します。

「いつまでもジュクいわネで、みんなで外でアスンダ（遊んだ）ほうがヨカンベガネ（いいでしょう！）」

ブショーは不潔でだらしないこと

世の中には、洗髪もしなければ伸びたひげも剃《そ》らない。仕事もろくにせず、だらしなく日々を送っているような人がいます。このような人を無精者《ぶしょうもの》、なまけ者などといいます。このように不潔であってだらしない人を、佐野方言でブショッタカリ、ブショッタネー人などといいます。汚いことを強めていうような場合は、コキタネーといいます。

ブショッタネーは、佐野方言で物事をするのをめんどうくさがる、不潔である、だらしないなどということをいいます。

「汚れたテネゲ（手ぬぐい）で足を拭いたり、顔を拭いたりして……。まあ、この子ったら、ブショッタネーったらアリャーシネー」

ブショッタネーは、無精という語に、汚いが結合し、不潔だということをいっそう強めています。不潔な人とかだらしない人（こと）をブショッタレといいます。

「あの人はセフロ（風呂）にへーッタ（入った）コター（ことは）、あんまりネーンだってガネ。めんどうクセンだってガネ。ブショッタレっていわれたってシャーネヤね」

ブショッタレと同じ意味の方言にブショッタカリがあります。いずれの方言も最近では使われなくなりました。

ワリーネ（わるいね）はありがとうの意

人から贈《おく》り物などをもらったときの「ありがとう」は、感謝の意を表します。よりていねいにいうときには、「ありがとうございます」とか「ありがとう存じます」などといいます。昭和二〇年頃まで、子どもたちは普通オーキニといって、「ありがとう」とはいいませんでした。心を込めていうときには、「ナ（ー）を添えてオーキニナ（ー）といいました。オーキニは関西方言ですが、関東地方でも使っていました。佐野には、昔から感謝の意をあらわすことばとして、ワリーネとスマネーネがありました。ワリーネとスマネーネは主としておとなが用い、オーキニナは子どもが用いました。しかし、それは一般的なことであって、おとながオーキニということもよく見かけました。

「めずらしいものをこんなにいただいて……、いつもワリーネ」

ありがとうとか申し訳ない（ね）が、「悪い（ね）」ということばでいい表されました。久し振りに会った北海道出身の知人から、おみやげをもらったとき、「あらっ、ワリーネ」といったら、「なにが悪いの？」といわれたというのです。ワリーネの意味がどういう意味なのかを知らない人が聞いたら、首をかしげるのは当然のことですね。

申し訳ない（ね）と同じ意味をもつことばに、「済《す》まない（ね）」があります。佐野弁ではこれが訛《なま》ってスマネーネとなり、感謝の意をあらわすことばとして使われています。

ヨバレルは招待されること

おいしい食事をご馳走になることを、かつては佐野方言で〝ヨバレル〟といいました。ヨバレルは「呼ばれる」本来の意で、声をかけて呼び寄せられること、つまり招待されることです。「ヨバレて行った」と「ヨバレて来た」の意味は対照的で、前のヨバレルは招かれるという意味、後のヨバレルは御馳走になってくるという意味です。「○○家」に招かれることもヨバレルというし、「○○家」でおいしい食事を御馳走になることもヨバレルといいます。「お祭りには食事を食べに来るようにという親戚のおばさんから、オヨバレの電話があった」のオヨバレは、連絡・知らせということなのか、馳走・招待ということなのかあいまいです。

このように、場面や状況によってヨバレルの内容に違いがあります。

老婦人が結婚式に招待された夫のことを、夫の知人に話している場面です。

「ウチノヒト（夫）は、隣リンチ（近所の家）のご祝儀にヨバレテ（招待されて）、いましがた（さっき）出かけヤンシタ（出かけました）よ」

次は、中年男性が先生の祝賀会に招待され、御馳走になった話をしている場面です。

「コナイダ（この間）祝賀会に出席したら、オレの好きな物べー（ばかり）出されたンで、腹イッペーヨバレテ（ご馳走になって））、ケーッテ（帰って）きたよ」

ジッカやオーゾは、数量の多いことをいう

数量の多さや程度のはなはだしさを表すことばは、共通語にも方言にもたくさんあります。方言には、シコタマ・ジッカ・オーゾ・カトーなどがあります。これらの方言の意味や用法について述べてみましょう。シコタマは、数量が並外れて多いさまをいい、共通語ではどっさりとか、たくさんに当たります。

「コトビ（祝日で特別な日）には、朝からシコタマ飲ンだり食ったりしたもンだから、腹がマーダキチー（まだ満腹でつらい）よ」

ジッカ（ニ）は、一面に満ちわたっているさまをいいます。

「れんげの花が、どこの田んぼを見ても、ジッカニ咲いてるよ」

ジッカニは、小さな虫や物がたくさんいる（ある）という意味もあります。

「いやー、毛虫が足の踏み場もネーほど、あちこちにジッカにいるね」

程度がはなはだしく多いさまを表す古い佐野方言に、オーゾとかカトーがあります。

「子どもがフンズブシ（踏みつぶし）たり、ボッコシ（壊し）たりしたら、オーゾイバッテ（うんと叱《しか》って）クンナンショ（ください）」「忙しいってユーンデ（いうので）、稲刈りを助《す》けたら、米や野菜などカトーもらっチャャッタ」

第四部

《自然の変化・動きなど》と方言

濡れることをクサルという

「腐《くさ》る」とは、普通食べ物が細菌の作用で変質したり痛んだり、悪臭を放つことをいいます。佐野では、雨や水がからだや物にかかって濡れることを、かつてクサルといっていました。今でも使っているお年寄りがいますが、間もなく死語となることでしょう。

「途中でにわか雨に降られちゃってさあ、ほら、下着までゼーンテ（すっかり）クサッチャッタもんだから、気持ちがワリー（わるい）よ」

雨や水に濡れると、明治や大正生まれの人たちは、髪の毛がクサル、着物がクサル、ズボンがクサルなどといって、「濡《ぬ》れる」とはあまりいいませんでした。濡れた「もの」が何か、着物なのか、ズボンなのか、金物なのか物によって、「クサル」といいます。たとえば、濡れたものが〝石〟であれば、「風雨で縁側の沓脱《くつぬ》ぎ石まで〝濡れ〟ちゃってねえ」というし、濡れたものが〝衣類〟であれば、「雨で下着まで〝クサッ〟チャッた」などといいます。では、どういうときに「ぬれる」を使い、どういうときに「クサル」を使うのでしょうか。濡れた衣類をそのまま放っておくと、いずれは腐ってしまいます。そのようなものには「クサル」といい、水がかかっても腐らないもの、たとえば、石や金属類などには「濡れる」といって「クサル」とはいいません。

氷が立つことから霜柱をタッペという

肌身を突き刺すような冬の寒い朝、畑のあぜ道などを歩いていると、高さ五センチ程度の氷柱が立ち並んだ地面に出逢います。この地面の氷を共通語で霜柱といい、その上を踏み歩くと、ザクッ、ザクッと氷の柱が砕ける音がします。赤土の多いところほど霜柱が立ちやすいといわれています。佐野方言でこの霜柱をタッペといい、霜柱が立つことをタッペガハルといいます。

池に氷が張って、その上にかすかに雪が載《の》っているかのように、薄白く見えるからです。

山間地に住む老人たちは、霜柱をタッペといっていましたが、平野地の人たちはそれ以前に使わなくなってしまいました。明治・大正生まれの人は、冬の寒い朝のあいさつには、タっぺを使って寒さのきびしさを表しました。

「今朝は田んぼにもタッペガハッテ（霜柱が立って）……。マッサカ（とても）サムーガンス（寒いです）ねえ」

タッペは、立氷がなまってタッペとなったものといわれています。足利などの一部地域で、タチッペが使われていたので、佐野でもかつてはタッペの前に、タチッペが使われていたかも知れません。

氷柱《つらら》の方言「アメンボー」はものの形から

二月は、一年のうちでもっとも寒い月だといわれています。朝の温度が氷点下になると、身を突き刺すような寒さになり、「今朝はだいぶシミヤンシタねえ」などと挨拶を交わしたものです。厳しい寒さを感じると、佐野方言でその寒さをシミルということばで表します。これは寒さが肌身に「凍み込む」（寒さで縮み上がるの意）ほどだという意味です。

雪の降った翌朝には、軒下から数え切れないほど無数の氷柱が垂れ下がります。昔は氷が一面に張りつめたようすを「つらら（連連）」といい、「垂れ氷（＝氷柱）」を、中央語（共通語）で「たるひ（垂氷）」といいました。

佐野地域では、氷柱の形が棒状のようであることから、その氷柱をコーリンボ（ー）といい、棒状の金《かね》のようだということから、カナンボ（ー）ともいうようになりました。また、氷柱は、水飴が垂れ下がっている形に似ているので、アメンボー（飴の棒）ともいいました。水飴は、七五三の祝いに縁起物として売られる、紅白色の細長い棒状の千歳飴《ちとせあめ》にも似ていますね。氷柱も水飴も、光沢があってみずみずしく、比較しやすかったのでしょう。

昔の家は、茅葺き屋根やオガラ（クズ）屋根がほとんどでした。雪の降った翌朝には、軒先きの茅やオガラの先端から、雪解け水が凍って棒状となって垂れ下がったものです。

「寒さ」の方言あれこれ

厳しい寒さと、それにともなう人の動作やようすなどを表す佐野方言には、たくさんの種類があります。寒さで手の指がこごえて、「く」の字に曲がり、思うように動かない状態を「かじかむ」といいますが、方言では「カガム」といいます。「あんまりサミー（寒い）もんだから、手の指がカガンで思うように動かネンだよ」

がっかりして気力をなくし、しゃがみ込むさまを表す「かがむ」は、寒さで指先が曲がり硬《こう》直《ちょく》した状態とよく似ていることから、「かがむ」を方言として用いるようになりました。寒さで縮《ちぢ》こまり震《ふる》えることを、ウズブレルといいます。ウズブレルは、もともと寒さとは関係のない江戸ことば（江戸方言）で、みすぼらしくて活気がないという意味でした。このような江戸ことばの意味が変化したものです。「あの男の子は水浴《みずあ》びしたから、クチビロ（唇）がドドメ色ンなりウズブレテッカラ、よっぽどサミン（寒い）ダンベねえ」

寒さで重ね着して着膨《きぶく》れすることを、ドブクレルといいます。雀が冬の寒さを防ぐために、木の枝に止まって、羽毛を膨らませているのを見て、「雀が木の枝でドブクレテルよ」などといいます。

寒さが身に染みるミミキリカゼ

北風の吹く晴れた冬の寒い日に、降雪地から風に送られて飛来する粉雪を佐野方言でフッコシといいます。これは寒い地方から山を越えてやってきた雪で「吹き越し」といいます。これが変化したものです。ちらちらと舞い散る花のようにも見える粉雪なので風花《かざはな》といいます。

「こんなに晴れてンのに、風が横なぐりに吹いて、やけにサミー（寒い）と思ったら、やっぱりフッコシンになったね」

何もさえぎるものがなく、風が通り抜けること、または通り抜ける場所をフキッツァラシといいます。四季を通して、山おろしや北風が強く吹く冬の寒いときに使われ、日常的にはあまり使われない方言です。

「フキッツァラシン中を、帽子もかぶンネで歩いて来たせいか……、イヤー、今日の風はマッサカ（とても）チミテー（冷たい）ねえ」

真冬の風は、肌身《はだみ》に染《し》み通るほどの冷たさを感じ、真冬の風を田沼や葛生では、ミミキリカゼといっています。耳がちぎれ落ちるほど寒いということです。

「こんなミミキリカゼ（冷たい風）ジャー、外へなんか出られたもンジャーネーよ。ナンセ（何しろ）風はツエー（強い）し、耳がチョンギラレル（切られる）ほどチミテカン（冷たいから）ねー」

急斜面で危険な岩場をユワッカジラという

草木の生えていない山を禿山《はげやま》、坊主山《ぼうずやま》、裸山《はだかやま》などといい、岩や石が多い山を岩山《いわやま》といいます。対して山で岩の多くある場所を、佐野方言ではユワッパ、ユワッカラなどといいます。山の断崖《だんがい》に岩が突き出て危険なところを、ユワッカジラといいます。

イワに付く「バ」「カラ」「カジラ」は、岩の多くあるところという意味です。

「この辺はユワッパだから、足をフンゲサネーように（ねんざしないように）、またオッコロガッテー（転んで）けがなんかしネーように、足元にキーつけな」

踏み入れることができないような、険《けわ》しく切り立っているユワッカジラには、石斛《せっこく》というめずらしい植物が着生していることがあります。白い花は観賞用として栽培されます。岩場の岩には、きわ立って露出したものがあります。その先端部分をユワッパナといいます。山の斜面を覆っている土砂などが、暴風雨などで崩れ落ち、岩肌がむき出しになることがあります。そのような場所をジャバゴケといいます。ジャバゴケの「ジャバ」は、砂利場《じゃりば》をいい、「ゴケ」は、転《ころ》げ落ちる、崩れ落ちるという意味です。

「ジャバゴケの下の方で、釣りをするのはアブネー（あぶない）よ。石ッコロがヒョエヒョエ（時々）オッコッテクッカンネ（落ちてくるからね）」

潰《つぶ》れることをチャブレルという

外部から物に力を加えると、形がくずれてぺしゃんこになることがあります。このような状態になることを、佐野方言でチャブレルとかオッピシャゲルといいます。

例えば、「木箱にのっかったら簡単にチャブレタ」「空き缶を踏みつけたたら、オッピシャゲタ」などといいます。また、財産や資産が潰れることもチャブレルといいます。

「アソコンチ（あそこの家）は、山林や田畑がエラク（たくさん）あったんだってけど、死んだじいさんが、酒と女と博打《ばくち》に手をだしたもんだから、チャブレチャッタ（潰れてしまった）んだってさ」

チャブレルに、「オ」（接頭語）の付いたオッチャブレルがありますが、意味的には同じです。

チャブレルと意味的にはほぼ同じで、広く使われている方言にオッピシャゲルがあります。

「木登りしてズクシ（熟し柿）を取ろうとしたら、ズクシがオッコッテ（落ちて）オッピシャゲテ（ぺしゃんこになって）食べランなくナッチャヤッタ」

高慢《こうまん》者の鼻を折るの「折る」を、「テーシタ（たいした）気ンなってっから、鼻をオッピシャイでやった」のように、オッピシャグに換えていうこともよくあります。

仲間に入れることをスエルという

楽しそうに遊んでいる仲間に入れてもらったり、時には仲間から外されたりすることがあります。仲間に入れることを、佐野方言ではスエルといいます。スイルとかセールなどと発音する人もいます。

「オメー（お前）もスエッ（仲間に入れる）から、一緒にパー（面子《めんこ》）をしてアスンベヤ（遊ぼうよ）」

スエルと同じ意味の方言にマゼル（交）があります。

「ちっちゃな子でも、このアスビ（遊び）にマゼテヤッカラ（仲間に入れてやるから）コッチニキナー（こっちに来なさい）」

わけあって仲間から追い出されることを、「仲間外れ」といいますすが、これに該当《がいとう》する佐野方言はクミヌケといいます。

「あの子はヘデモネー（つまらない）ことをいうもンだから、みんなからジュク（屁理屈《へりくつ》）こねるンジャネーなんていわれて、クミヌケンナッチャヤッタンだってさ」

同じ行動をする親しい仲間を、古くは組《くみ》といい、その組（仲間）から外されるので、「クミヌケ（組抜け）」といいます。

老人も使わなくなったウッツァシー

人や動物の声が大きくうるさいときには、腹立たしく感じることがあります。うるさいとか、やかましいという方言に、セヤシネー、セアシネー、セワシネーなどがあります。これらの方言は、気ぜわしいという意味の「忙《せわ》しない」が変化したもので、現在でも地域や年齢に関係なく広く使われています。

「家《うち》ン中でフットビマールンジャネー（跳び回ってはいけない）。子どもは外《そと》でアスビナ（遊びなさいよ）。フントニ（本当に）セヤシネーったら、アリャーシネー」

「うるさい」の古い方言に、ウッツァシーがあります。今では使用する人もなく死語となってしまいましたが、お年寄りは、子供が家の中で大声を出してはしゃぎまわっていると、よく「ウッツァシーぞ!、静かにしろ!」などといって叱《しか》りつけたものです。また、冬の寒い日でも〝子どもは風の子〟だから外で遊べなどといったものです。

物の音や動物の声以外でも、邪魔《じゃま》になるものがあって、それが煩《わずら》わしくうっとうしいと感じられたときには、ウッツァシーといいます。

「寝ているとと、蠅《はえ》が顔に止まったり手に止まったりすると、この蠅はマッサカ（非常に）ウッツァシーなあ」

「貶《けな》す」を強めていうときにはカッペナスという

人の欠点を取り上げて非難したり、人の過失を取り上げて悪口をいったりすることを、〝けなす〟、〝難癖《なんくせ》つける〟などといいます。佐野方言では、カッケナス・ヘナス・カッペナスなどといいます。これらの方言の成り立ちや用法などについて述べてみましょう。

カッケナスは、「掻《か》きけなす」が変化したものです。けなすの語頭に、「掻き」が付いていますが、これはけなすを強める接頭語です。

ヘナスは、けなすが訛《なま》ったものです。かつてヘナスは県内の各地で広く使われていましたが、カッケナスやカッペナスが広がり、それに圧倒されヘナスの分布地がだんだん狭くなってしまいました。現在ヘナスを使用しているところは県北地方だけです。

カッペナスは、ヘナスに〝掻き〟が付いたものです。カッケナスに比べてぞんざいな感じがするといわれています。

「みんなが感心をもって観ている絵をカッペナシたり、みんながうまいという料理をカッペナス人がいるけど、そんなこといわなくったってエカンベ（いいだろう）にねえ」

カッペナスを使用する年齢は中・高年に多く、若い人は減少の傾向にあります。「けなす」の方言にコナスがありましたが、今では死語となってしまいました。

泥土などにのめり込むことはネコマル

くぼんだ所に落ち込む、深み入り込むことを「はまる」といいます。人や物が堀や溝や川（池）の深みなどに落ち込んだようなとき、「車が溝にはまった」「川の深みにはまっておぼれた」などといいます。「はまる」は、佐野方言のネコマルに相当します。でも、溝や堀などに落ち込むことは「はまる」といいますが、泥土などにのめり込むことは「ネコマル」といって区別しています。湿田や泥土に足を踏み入れると、ぬかるみの深みにのめり込んでしまうことがあります。もがけばもがくほど深く入り込んでしまい、容易に抜け出すことができなくなります。このように泥土などにのめり込むこと、入り込むことをネコマルといいます。

「田螺《たにし》を捕《と》ンべとモッテ（思って）、ドンベッタ（一年中水湿が多く泥深い田など）にへーッ（入っ）て歩いてたら、ネコマッて出られなくなってヒデーめにあったよ」

車が泥道や砂地でスリップし、タイヤがめり込んで抜け出せないことがあります。そんなとき、無理にアクセルを踏み込むと、ますますタイヤがめり込んでしまいます。このような状態になることも、タイヤがネコマルといいます。

「バックしたら後輪《こうりん》が泥ン中にネコマッチャッた」

ネコマルは、「練《ね》り込まる」ことで、泥を練るようにして深みに入り込むことをいいます。

顔などに現れるしみをジゴクホソビという

血気盛んな壮年期にはからだの表皮（肌）に張りがあり、つやがあってなめらかですが、老年期になると、肌にみずみずしさがなくなり、なめらかさもなくなります。人によっては、顔や手にほくろのような褐色《かっしょく》のしみも出てきます。このしみを佐野方言でジゴクボクロまたはジゴクホソビなどといいます。しみの数は年齢とともに増え、しかも徐々に大きくなっていきます。女性にとって、しみは美肌の大敵で、まさしくジゴク（地獄）を感じさせるものです。色や形がほくろに似ていることから、ジゴクボクロというようになりました。

古くから使われてきた、もうひとつの方言にジゴクホソビがあります。

「年取ると、顔や手などアッチャコッチャ（あちこち）にジゴクホソビができチャッテやだねえ。黒っぽくって汚らしい色だンベー」

こぶ・いぼ・ほくろ・あざ・しみなど皮膚に生じるものを、昔はすべてひとまとめにして、「ふすべ」といいました。ふすべには、むだなもの、役に立たないものという意味がありました。たしかにいぼやほくろなどは、なくてもいいものです。このふすべが変化して、ホソビになったといいます。ホソビにジゴクが付いたジゴクホソビという方言があります。今では知る人もほとんどなく死語同然となってしまいました。

突然の出来事に動揺するをバッタクスルという

おおぜいの人が寄り集まっている席で、司会者から突然に「ひと言ご挨拶をお願いいたします」と指名されたとき、えーっ、なぜ…?、とうろたえることがあります。何を話そうかとあわてることを、ドギマゴスルといいます。

「人前でしゃべったときはドギマゴシチャッて、何をしゃべってんだかわかんなかったよ」

あわてて動き回っているものの、どうしていいか分からず、おどおどすることをトトロズクといいます。

「夕立が来そうだから、早く干し物をオッコメ（取り込め）っていったのに、何トトロズイてンだ。子どもっチャー、シャーネーナー（しょうがないね）」

予期せぬ出来事に出合ったとき、あわてふためいて気が動転し、事がうまく進まないことを、バッタクスルといいます。

「あしたは家族で花見にイグ（行く）べーってことンなって、楽しみにしてたんだけンど、あいにく雨ンナッチャッテ、バッタクシたよ。」

かつてトトロズクとかバッタクスルは、佐野の広い地域で使っていました。特に田沼・葛生地域の老人たちは、昭和の中頃まで使っていました。

焦げつくことをコビック・コビリックという

電気炊飯器（電気釜）が普及する前は、ほとんどの家庭で、かまどに釜《かま》をかけ、薪《まき》に火をつけてご飯を炊《た》いていました（当時は「炊く」をニルともいいました）。かまどの火の燃え具合をみながら、「そろそろ弱火にしないと、コビッイチャーカンね」などといったものです。火の調節をあやまると、飯粒《めしつぶ》が焦げて釜底にくっついて、簡単に取り除くことができなくなります。このような状態になることを、「焦げつく」といいますが、佐野弁ではコビックとかコビリックなどといいます。

「薪《まき》をツックベルンナ（くべるのは）いいけど、火加減や時間を見てなかったンダンベー。飯っ粒が釜の底にゼンテ（すっかり）コビツイチャッタガネー。トショリ（年寄り）ジャー歯がワリーから、かたくって食ベランナカンベー（食べられないでしょう）」

「焦げつく」といわず、佐野ではかつてはコビック、コビリックといっていました。終戦後になると、薪を使って煮炊きすることがなくなり、コビック（コビリック）を使用する人が、だんだん少なくなりました。

共通語のこびつく（こびりつく）は、「嫌《いや》なことが頭にこびりついて」のように、物や考えなどが付着して離れない状態をいいました。焦げつくとは関係のないことばでした。

獣《けもの》などに偶然出合うことをデッカスという

街角で思いがけなく昔の友だちに出合ったり、野や山で偶然にいのししや鹿などにで出合ったりすることがあります。このように偶然に出合うことを共通語では、〝出交《でく》わす〟といいます。まれには〝かち合う〟とか、〝行き合う〟〝鉢合わせする〟などということもあります。佐野方言では、偶然に出合うことを一般にデッカスといいます。「出交《でく》わす」が変化したものです。〝出交わす〟とは、出合いがしらに、お互いに目と目を交《か》わし合うことです。

「山のテンジョクダマ（頂上）付近にブチカッテ（腰をおろして）休んでいたら、山のモコーガワ（反対斜面）で、かさかさ音がするンでナンダンベ（何だろう）？ そっと行ったら、なんと熊とデッカシチャッタ。熊もビックラコイテ（たまげて）、ヌゲテ（逃げて）ッチャッタよ」

〝出くわす〟を強めると、〝出っくわす〟になり、さらに変化したのがデッカスです。思いがけず出合うという意味の方言には、デッカセルとデッカサルという方言もあります。いずれの方言もデッカスと意味も用法も同じです。

「山できのこを探して、歩き回っているときに、ボットシたら（もしかしら）どう猛な獣《けもの》にでもデッカセルンジャーネーかと内心びくびくしてたよ」

鳥獣類を追い払うことはオッコクルという

鳥類のなかでも、からすは雑食だけに果物《くだもの》以外に、みみずや動物の死体などいろいろなものを食べます。すずめは稲穂を好んで食べます。このようにからすもすずめも、農作物を食べたりかじったりするので嫌《きら》われ、収穫の季節がやってくると田畑から追い払われます。〝追い払う〟ことを、方言ではオイトバス、オットバス、オッパラウなどといいます。

オットバスの「オッ」は追うの変化形で、追い払うという意味です。共通語の追い払うよりも語調が強くなります。

「ニヤットリ（鶏）は、〝三歩歩けば忘れる〟ッテいうけど、イックラ（何度）オットバシたって、またやってきて、むしろの籾米《もみごめ》をカッパイ（足で掻き散らし）たり、クッチラカシ（食い散らし）たりするンだから、どうショーモネーよ」

魚や牛の肉片《にくへん》などを食べようとしたり、盗み取りしようとする飼い猫や飼い犬などにも、いたずらをするとオイトバスとかオットバスといいます。ところが、野ら猫や野ら犬などが、家に入り食べ物を盗み取りしたり、盗み食いしたりすると、怒って声をあげて追い払います。このときの〝追い払う〟を、オッコクルといったり、オットバスといったりします。

「野ら猫が台所で、サガネッコト（探すこと）をしてタンデ（いたので）、こん畜生めっ！と怒鳴《どな》って、オッコクッてやったよ。オッコクンネと、また、来ッかンね」

〝横になる〟をヨコタッペンナル

人やものに寄り添ってもたれかかることを、寄りかかる、押しかかるといいます。普通はよっかかる、おっかかるといいます。方言にもいくつものいい方があります。

椅子《いす》や台などの上に腰をおろすことを、「腰掛ける」といいますが、佐野方言ではチカルといいます。このチカルを強めていうときには、ブチカル・ブッチカル・ノッチカル・ウッチカル・エッチカルなどとたくさんのいい方があります。

「山仕事も一段落《いちだんらく》したんで、この辺のクサバッコ（草むら）にブチカッテ、一休みスルベジャーネーケー（しませんか）？」

腰を落とし、ひざを曲げて低い姿勢になることを「しゃがむ」、あるいは「かがむ」といいます。これを佐野方言では、シャッカガム・オッカガム・コゴマル・オッコゴマルなどといいます。「シャッ」とか「オッ」は語の先端に付けて意味を強めます。

「ドーロッパタ（道路わき）でシャッカガンでたら、さっきより腰痛がやわらいできたよ」

横たわることをヨコタッペといい、横たわって寝ることを、ヨコタッペンナルといいます。

「年とったせいダンベねえ。うちの旦那ったら、ねんがらねんじゅうヨコタッペンナッて、ヨクモマー（よくよく）、飽《あ》きずにテレビベー（ばかり）見てるよ」

養分のない痩せた土をノッポという

野原でも山でも、地味《ちみ》の豊かな土地とそうでない土地があります。落ち葉の多いところは葉が枯れて、腐葉土《ふようど》となります。腐葉土でない土は、養分になるものがないために痩せています。その痩せ土を、方言でノッポまたはノッポツチといいます。訛《なま》ってノッポチチなどともいいます。ノッポツチには、植物を育てる養分が少ないために、茎や葉はよわよわしく力づよさがありません。粘土質《ねんどしつ》で痩せているノッポツチは、水を含むとねばねばするので、ネバまたはネバチチなどといいます。土の色が赤みを帯びていれば、アカノッポあるいはアカチチなどといいます。ノッポツチの畑をノッポバタケといいます。

「ここの土地はアカノッポでさあ。地質がわるく痩せてるダンベー。だから、野菜にこやしをいっぱいやっても、思い通りにはイガネンだよね」

地味の痩せている赤土とは対照的なものに黒土があります。黒土は一般に肥沃《ひよく》ですが、肥沃ではない黒土もあります。そのような黒土をクロノッポといいます。ところで、山に植え付けた杉・桧など苗木の成長のよしあしは、地味と山の傾斜・向きなどに左右されます。日当たりのわるい北向きの山を、佐野方言でオロ・オロッポー・オロヤマまたはヒミズなどといいます。オロヤマの「オロ」はうつろの意。転じて、中身がなく何の役にも立たないという意味です。

チックラホックラは同じ動作をくり返すこと

ヤットコスットコという方言があります。困難な仕事などをどうにか時間をかけて成しとげたときなどにいいます。ヤットコスットコは、共通語の「やっとこ」に、これと似た音（類音語）のスットコを添えたもので、成しとげるまでの容易ならぬさまを強めています。

「台風で流れ込んだ土砂のあと片づけが、ヤットコスットコ終わったところだよ」

「やたら」の後に、類音語のヘタラを添えるとヤタラヘタラとなって、はなはだしく節度の欠けていることをいいます。ただ、ヤタラヘタラをそのまま使用することはほとんどなく、普通はそれを略してヤタヘタといいます。

「あの人たちは好きでヤッテンだから、そばで余計なことをヤタヘタいうンジャネー」

わずかな程度を表す語に「ちっくり」があります。このちっくりに類音語ホックラを添えると、チックラホックラとなり同じ動作をくり返す意味の方言になります。

「あれほどあった栗が、チックラホックラ食べてるうちになくなっチャッタよ」

同じ動作の繰り返しを、トッケシタッケシといいます。いったん自分の手から離れたものを取り戻すことを「取り返し」といいますが、その変化形がトッケシです。このトッケシに類音語タッケシを添えてトッケシタッケシといいます。

「大安売りで、女性が色や形の変わった下着を、トッケシタッケシ見てますねえ」

ぶち壊す意の方言ボッコスについて

古くなって使わなくなると、その物の名は消えてしまいます。かつて農家には、畑にあるかたい土のかたまりを「壊す」仕事がありました。土のかたまりを壊す農具を〝ツブテッコシ〟といいました。今ではその名を知る人はいないほどに古い方言となってしまいました。石のようにかたい土くれをツブテといい、壊すことをコシといいます。ところで、「壊す」にブッやボッがついた方言はいろいろあります。それらの方言や方言の意味について述べてみましょう。「壊す」の意味を強めるため共通語に「ぶち壊す」があります。方言も意味を強めるために接頭語をつけてブッコワスといいますが、これ以外にも、ボッコス・ボッカスなどがあります。「スピードの出しすぎで、ジデンシャ（自転車）を石塀にぶっつけて、ボッコシチャッタ」明治生まれの女性は、着物を解《ほど》いて洗い張りをしました。そのときの〝解く〟を、佐野方言でボッコス（壊す）といいます。その仕事は着物をばらばらにすることで、「壊す」行為に似ているからです。

高額な貨幣を小額の貨幣にかえることを、「両替する」「くずす」などとといいます。方言ではボッコワス、ボッコス、ボッカスといいます。いずれも元は物をくだいて小さくする意です。

ジャンボン（葬式）は鐃《にょう》と鈸《ばち》をたたく音

死者をほうむる儀式を葬式といいます。方言では葬式を「ジャンボン」といい、外にジャンボ・ジャーボ・ジャボなどともいいます。昭和の中頃までは土葬も多く、葬式はジャンボンというのが普通でした。

近所に死人が出ると、組合内の人は死人の親戚の家を訪ね、そのいきさつを報告します。報告する人を「悲悼《ひとう》」といいますが、方言では「ジャボビト」といいます。また、ジャンボンに結びつくことばにアナマワリがあります。庭の中央に安置した棺《ひつぎ》の周りを三回半左に回ります。これを「ジャンボンメグリ」といいます。

葬式の引き物には、大きな饅頭《まんじゅう》を添えて振る舞うのが慣例となっています。この饅頭を「ジャンボンマンジュー」といい、子どもたちには人気がありました。昭和二〇年代は食糧難だったので、ジャンボンマンジューは貴重な食べ物でした。ジャンボンには、シレーマンマ（米の飯）が食べられるという楽しみもありました。

ところで、葬式をなぜジャンボンとかジャーボなどというのでしょうか。

銅製で皿型をした打楽器の真ん中にひもをつけ、お坊さんがこれを両手に一つずつ持って合わせて打ち鳴らします。その音がジャンボンと聞こえたので、葬式をジャンボンというようになりました。高い音のする鐃と鈸を葬式の打楽器として用いました。

モジルは揉んでしわくちゃにすること

あかちゃんは今まで会ったことのない人の顔を見ると、恥かしがって目をそむけたり、はにかんで顔をそらしたりします。そして今にも泣き出しそうになります。このようすを方言では「泣きソッペンなる」といいます。また、あかちゃんをおぶっているとき、見知らぬ人を見ると、恥かしがって体をひねり向きを変えたりします。このようなしぐさをモジルといいます。いらだって泣きながら反り返ることを、ソッケル・ソックルケルなどといいます。

「あかちゃんは、見知らぬ人が笑顔であやしても、モジッチャッテ泣きソッペンナッチャン（泣きそうになるん）だから。気がすすまないとソックルケッて泣き出すんだよ」

モジルには、もう一つの意味があります。それは両手にはさんでこすったり、手で揉《も》んでしわくちゃにし、柔らかくして張りがないようにするしぐさをいいます。

「広告紙をモジッてたら、ふにゃふにゃンなっチャッタンで、くず入れに捨てチャッタ」

モジルと同じ意味をもつ方言にモジクルもあります。

「かたいはちゃ柿だって両手でモジクッてると、ヤーラカクなって食べられるんだよ」

よくないことや悪いうわさを、世間に知られないように手段をつくして、なくしてしまうということをモジリッケスといいます。

予期しないことが起こることをテンズケという

「一概《いちがい》に」ということばがあります。これはひとくちに、ひっくるめてという意味で、「一概に黒だとも白だともいえない」のようにいいます。「一概に」は、文末に「〜でない」という打ち消しの語を伴うのが普通です。「一概に」は訛《なま》って、イチゲニといいます。「うそをつくとはイチゲニ悪いとはいえない」のように、文末に打ち消しの語を伴います。

同じイチゲニも意味の異なるものもあります。同時にそろって事をすることをイチゲニともいいます。

では、イチゲニはどんな場面で使われるのでしょうか、具体的な例を挙げてみてみましょう。

「奥山に降った豪雨《ごうう》が流れ出したようだから、コンダ（今度は）田んぼや畑にイチゲニ流れ込むダンベ」

ところで、突然に、いきなり、だしぬけにという意味の方言にテンズケがあります。これはイチゲニと意味の似ていることばです。テンズケは〝人〟が、何の前ぶれもなく（予期する間もなく）突然に起こるようすをいいます。

「オッツケ（将来）なンになる（職業は？）って、テンズケ聞かれてもよくわかンネよねえ」

第五部

《ことばの意味・語法など》と方言

疑問を表す助詞に特徴がある

どうも疑わしいなあ、と思ったときには、「うわさの男ってあの人ケー?」「この茸《きのこ》は食べてもダイジブケー?」のように、文末にケを付け高めに発音します。また、内容を確かめたいときにも、「朝めしは食べたケー?」「山の景色はよかったケー?」などといいます。これらの「ケー」には軽い敬意があって、目上の人・見知らぬ人に、あるいは友だちなどにも幅広く使うことができます。くだけていてひびきもやわらかく親しみを感じさせます。

江戸時代には、「あれは男かえ?、それとも女かえ?」のように、「かえ」を用いました。佐野方言ではその「かえ」が訛《なま》って、「ケー」となりました。

疑問を表す助詞には、「エ」もあります。

「いつ帰って来たエ?」「値段はいくらグレーしたエ?」

これらの「エ」にも軽い敬意が含まれているし、親しみも感じられます。昭和の頃は多くの人たちが使っていましたが、近頃、中年以下の人たちはほとんど使わなくなりました。

同じ疑問を表す助詞に「ン」もあります。「昨日はどこへ行ったン?」「映画は何を見たン?」など。この「ン」は、「の」が変化したものです。

シテンゴテンとは優劣のないこと

人や物の重さや速さなどを比較して、優劣がないときに、共通語では「五分五分だ」とか、「おっつかっつだ」などといいます。佐野方言では、これをズッペゴッペ・ズッペガッペ・シテンゴテンなどといいます。

「腕相撲やればわかるダンベ（でしょう）けど、AヤンとBヤン（AさんとBさん）の腕力は、まあ、ズッペゴッペダンベー」

昔は共通語で、よくしゃべることを「つべ」といいました。出しゃばって、ああいえばこういうというように理屈をいうことを「つべこべいう」といいます。今でも「つべこべいうんじゃネー」などといいます。この「つべこべ」が変化したことばにズッペゴッペがあります。

ああいえばこういい、こういえばああいうし、そのいってる回数が多くて、その内容も優劣つけがたい、このようなことがもとの意味になっています。同じく甲乙つけがたいときにいうのがシテンゴテンです。

「A君もB君も走りっくらといったら、シテンゴテンダンベー」

昔、〝四天の舞〞と〝二天の舞〞という舞は非常によく似ていたので、見分けることができないことを、シテンニテンといいました。佐野では「五」の数字に合わせてシテンゴテンというようになったといいます。

日本でもめずらしい佐野のアクセント

佐野には、箸・橋などをアクセントによって区別することのできる地域と、曖昧《あいまい》になる地域と、まったく区別できない地域があります。

一つの市にアクセントの型が三つもあるのは、全国的にめずらしいことです。

佐野方言で「箸」はハを高く発音し、「橋」はシを高く発音するのは、彦間・飛駒地域です。この地域は、雨と飴、花と鼻などをアクセントによって区別するので、「東京式アクセント」と同じです。田沼・葛生地域は、箸と橋・雨と飴・切ると着るなどを、アクセントによって区別することができないので、「無アクセント」の地域といいます。この地域の人たちは、一つのことばのどの音節が高く、どの音節が低いか聞き分けることができないのです。もし「カキを買ってきてくれ」と頼まれても、柿なのか、牡蠣《かき》なのかまったく区別できません。

また、曖昧アクセントである地域の人は、どの音節が高く、どの音節が低いかを即座に判断することができません。しかし、「松虫《まつむし》のマツムシは、どの音節が高いかを聞かれて、しばらく考えてから、「ツが高いようですね」といいます。このようにアクセントに曖昧さがあるので、「曖昧アクセント」地域といいます。

最近は、無アクセント地域に生まれ育った人の中にも、雨と飴、切ると着るをアクセントによって区別できる若者が増えてきました。

飛駒地域のアクセントはなぜ東京式アクセントなのか

佐野は、もと高い低いがはっきりした東京式アクセントでした。しかし、福島県から無アクセントという高低のないアクセントが伝播したために、那須・大田原・宇都宮・栃木・小山などは完全に無アクセントとなってしまいました。佐野はもともと東京と同じアクセントでしたが、県北地方からの無アクセントによって、明瞭《めいりょう》だったアクセントが曖昧《あいまい》なものに変わってしまいました。

田沼・葛生地域には、東京式アクセントで話すところ、曖昧アクセントで話すところ、無アクセントで話すところがあります。飛駒（田沼）は東京式アクセント、葛生は無アクセント、旧田沼町内は曖昧アクセントというように複雑です。ところで、飛駒地域が東京式アクセントであるのは、県北地方から押し寄せてきた無アクセントが飛駒地域までとどかなかったからです。

いずれは彦間も飛駒も曖昧化し、最後には無アクセントになるところでしたが、マスメディア・交通などの急激な発達によって、現在のような東京アクセントが崩れずに残ったと思っていいでしょう。

～セ・～ナンショには軽い敬意がある

中年以上の人が日常的に使っている敬語に、～セがあります。親しい人との対話には次のように、～セを聞くことがあります。

「帰りに寄らッセ（お寄りください）」「お茶でも飲まッセナ（お飲みくださいよ）」

「寄る」とか「飲む」という語のあとに、～セを付けていうと、軽い敬意を含んだ命令の意になります。セは、自分と同年齢、あるいは自分より年上で親しい人に使います。セのあとに、さらに「な」とか「よ」を添えて、「寄ってガッセな」「飲んでガッセな」などというと、親しみや相手に対して呼びかけの意が加わります。これは「寄って行かっせな」が変化したものです。また、～セを「食べる」「来る」に付けて、「ラーメンでも食べらッセな」「また遊びに来《き》らッセな」などともいいます。

「食べら」とか「来《き》ら」という言い方（活用）は、たいへんめずらしいといってもいいでしょう。敬語の軽い命令表現に、もう一つ「ナンショ」があります。

「おいしいお菓子なンでお上がンナンショ」（召し上がってください）、「疲れたンべからこの椅子へお掛けナンショ」（お掛けください）

ナンショは、明治・大正生まれの人たちがよく使っていました。

これはだれガン?、おめゲくれるよのガンとゲ

置き忘れたカバンをみて、「ここにあるカバンはだれガン（だれの物）?」などといいます。持ち主が自分の物だとわかると、「それは俺ガン」といいます。もし自分の物でなければ、小声で「それは俺ガンジャーネー」などというかも知れません。

ガンは、「物」という意で、昔から親しい間柄で使われてきました。今日でもなお男女に関係なく、中高年の多くの人たちが使っています。俺ガンは、「俺が物」が変化したものです。

「このペンを君にくれるよ」という場合の「に」は、対象や方向を表す助詞ですが、これに相当する方言に「ゲ」があります。

「このペンはもらったもんだけど、二本もあるからこれをオメゲ（お前に）くれるよ」

「ゲ」は主として、親しい者同士が、物をもらったりくれたりするときに使いますが、人ばかりでなく、動物や植物などにも、物を与えるときなどに使うことがあります。

「犬ゲも猫ゲも、食べ物だけは十分にやれよ」

「花ゲも水をやンネと枯れチャーカンね（枯れてしまうからね）」

ガンもゲも、かつて親しい人同士の会話で使われていましたが、今ではどこでも聞かれることはなくなりました。

「倒れる」も「引き返す」も同じ方言

台風の過ぎ去った朝、周囲のようすを見て回ろうと、杖をつきながら散歩に出かけたお年寄り（男性）が、間もなく戻ってきました。そして家族の者にいいました。

「オーカンに　デッケー杉の木がヒックルケッテタモンダカラ　ソッカラ先へは行ゲネンデシャーネーから　ヒックルケッテ来チャッタヨ」（大通りに　大きな杉が倒れていたのでそこから先へは歩いて行くことができないから　仕様がないから引き返してきたよ）

今では使わなくなってしまいましたが、かつては大通りを、「オーカン」（往還）といっていました。人や馬車などが往《い》き還《かえ》りする道だったからです。佐野では、「倒れる・引っ繰《く》り返る」も、意味の異なる「引き返す・戻る」も、ヒックルケル（ヒックルケール）といいます。

「倒れる」の意のヒックルケルは、「引っ繰り返る」が訛《なま》ったものです。これに対して、引き返す意のヒックルケルは、「引っ繰り返る」の意味が変化したものです。「引っ繰り返る」という共通語には、前後が逆になるという意味があって、前進する意が後退する意になり、これがさらに変化して引き返すという意味に変わったというわけです。ちなみに、前記以外に「倒れる・引っ繰り返る」は、ヒッケル・オッケルともいいますし、「引っ返す・戻る」も、ヒッケル（ヒッケール）といいます。

チョーガン（二）は、長続きの意だった

ある動作やそのようすをはっきりさせるために、佐野では、チョーガニとかチョーガンニという方言を使っています。

「あの男はヨトサレだから、チョーガニ仕事もしネンだよ（あの男はろくでなしだから、ろくに仕事もしないんだよ）」

「年取ったらさあ、ヒザッカブがワリーモンだから、チョーガンニ歩けなくッテ　ヤンナッチャー（年を取ったらね、膝《ひざ》がわるいので、まともに歩けなくていやんなっちゃうよ）」

「遊んでベーいるから、チョーガンナ人間にはなれなカンベー（遊んでばかりいるから、まともな人間にはなれないでしょう）」

チョーガニ・チョーガナといった語を用いた文のあとには、「チョーガニ仕事もしない」のように、多く否定の「ない（ネー）」という語をともないます。

「チョーガンニ仕事もできない人」という場合の人には、仕事に飽《あ》きて長続きしない（人）という意が含まれています。中年以下の人はほとんど使わなくなってしまいましたが、高齢者の多くは現在でも使っています。

まぎらわしい意のチョチョラッケとソソラッケ

軽々しくものをいったり、軽率な行動をとったりすること（または人）を、佐野方言で、チョチョラッケ（チョチョラッカ）・ソソラッケなどといいます。

「あの男はチョチョラッケだから、いってることを信じていいのかわるいのかわかんネーよ。だから、まじめに耳を傾ける人なんて、まず、いなカンベー」

軽率な言動が過ぎると、口先ばかりで誠意がまったくみられなく、お世辞ばかりが多くて信用できなくなってしまいます。このようなこと（人）もチョチョラッケ・チョチョラッカなどといいます。チョチョラッケ（カ）は本来、口から出まかせをいう、口先で上手にいうチョチョラに、ようすや気配《けはい》を表すケ・カ（接尾語）が付いたものです。チョチョラということばは、江戸中期に深川の岡場所《おかばしょ》で使われるようになったといわれています。それが江戸全域に広まり、やがて佐野にも伝わってきたというのです。その頃、佐野にはすでに、共通語の「そそっかしい」が変化したソソラッケ・ソソラッカがありました。これらのことばの意味は、落ち着きがなく不注意で軽々しいさまをいいます。「ソソラッケだから、転んで怪我《けが》ばっかりするんだよ」。チョチョラッケ（カ）が誠意のないことをいうのに対して、ソソラッケ（カ）は落ち着きのないさまをいいました。

ことばにつまることをドズケルという

水道管や堀などに物やごみがつまると、水の流れがわるくなったり、水漏《みずも》れすることがあります。このように物が支《つか》えることをドズケルといいます。「土管にごみがドズケチャッタたもんだから、水の流れがわるくなっちゃって困ってるンですよ」などといいます。

ドズケルは、物が「つまる」こと以外に、話の途中でことばがつかえて出てこないようなときにもドズケルといいます。大勢《おおぜい》の前で話をするとき、緊張《きんちょう》すると、話がつっかえて声が出なくなり、聞いている人たちが一瞬沈黙《ちんもく》状態《じょうたい》になることがあります。このように話が進まなかったり、一時的に途切れてしまうこともドズケルといいます。

「うちの人（夫）ったらさあ、これまで人メー（人前）でしゃべることが苦手でサー、友人の結婚披露宴《ひろうえん》のあいさつで、あがっちゃって二言《ふたこと》、三言《みこと》しゃべったらドズケチャッタンだよ。聞いててヒヤセ（冷や汗）が出ちゃった」

ドズケルは、滞《とどこお》るという意の「支《つか》える」に、意味を強めるド（接頭語）がついたものです。「ドづかえる」が変化したものです。佐野方言には、ドグラス（「殴る・打ちのめす」の意）・ドズク（「殴る・突き飛ばす」の意）など「ド」のつく語はたくさんありますが、それらの語は、荒々しい感じがするために、女性はほとんど使いません。もっぱら男性だけが使用しています。

しょっちゅうということをトロッピといった

「いつも」とか「常に」の意に相当する佐野方言に、トロッピョーシ・トロッペシ・トロッピ・ダラッピョーシなどがあります。明治生まれの人たちはこれらの方言をよく使っていました。大正生まれの人でも使っている人がけっこういました。

「隣りンチ（隣りの家）のばあさんは、うちのバーサマ（私の妻）と年が同じックレーナモンだから、トロッピにアスビ（いつも遊び）に来ヤンス（来ます）よ。ヒシテオキグレー（一日置きぐらい）に来るベカ（来るだろうか）」

「サミー（寒い）と、トロッッピョーシションベンタレニ（小便をしに）行ガナクッチャーナンネンデ（行かなくてはならないので）……、年トッチャー（取ると）冬はヤダねえ」

トロ・ダラの付く方言の使用地として、ダラッピョーシ・トロッピョーシが佐野地域、トロッピの使用が葛生地域、トロッペシが佐野・田沼地域のように、地域によって違いがあります。これらの方言は、現在は使われず死語となってしまいました。トロはゆるやかに絶え間なく続くという意味で、とろ火の「とろ」と同じです。「ダラ」はしまりなく続くようすを表すだらだらの「だら」と同じです。トロッピョーシの「ピョーシ」は拍子のことで、ゆるやかな動作がいつも同じ調子で行われていることです。

エーラは重さなど程度のはなはだしさを表す

普通の程度を越えて、量がはなはだしく多いとか重さがはなはだしいことを表すときに、エラク・エレー（エライ）・エーラ・オーゾなどという方言を使います。

「アスコンチ（あそこの家）は、コナイダノ（この間の）デッケー（大きな）地震による崖崩れでぺしゃんこにチャブレチャッタン（倒れた）だってさ。エレーコトン（たいへんなことに）なっチャッタね」

エラクもエレー（エライ）も、ひどいとかたいへんという意味です。共通語で程度がはなはだしい意の「偉《えら》い」が変化したものです。これらの方言と意味も用法もきわめてよく似たものにエーラがあります。

「子どもだカラッテ（からといって）、エーラ（あんまり）馬鹿にするンジャーネーよ（のではない）」

エーラはあんまりとか、そんなにという意味です。物が量的にきわめて多いときなどによく「オーゾ」を使いました。これはイッペーと同じ意味をもっています。

「今年はジャガタラ（イモ）が、オーゾ（たくさん）穫《と》れたってから、タントもらってイグベー（たくさんもらって行こう）」

ミッカセンデは、回数の多過ぎるさまをいう

同じ動作が繰り返して行われることをバエンコといいます。特にその動作を強めていう場合、あるいは同じ動作が繰り返しておこなわれるときには、バエンコバエンコといいます。

「バエンコバエンコ（繰り返し繰り返し繰り返し）同じことべー（ばかり）いう人の話を聞いてるのはつらいけど、知り合いジャー（では）、まあ、シャーナカンベネ（仕方がないでしょう）ね」

バエンコは、「変り番こ」の〝番こ〟と同じで、これが変化したものです。「番」は、順番に入れ替わること、「コ」は、そのようすを表す語（接尾語）です。バエンコバエンコは、同じ動作を繰り返すことから、「いつも」「しょっちゅう」という意味で使われることもあります。

ところで、「しょっちゅう」という意味の方言に、ミッカセンデがあります。人によっては、ミッカセンゼとかミッカセンべなどともいいます。昭和の中頃まではよく使われましたが、その後使用者がめっきり少なくなってしまいました。

「あのジサマ（爺さん）は、近くの酒屋にミッカセンデ寄り込んジャー（では）、一杯ヒッカケテ（飲んで）、上機嫌《じょうきげん》になってケーッテエグンダッテガネ（帰って行くんだそうですよ）」

ミッカセンデは、三日も経《た》たないうちにがもとの意味で、これがしょっちゅう、いつもという意味になったといわれています。

トヤ（鳥屋）が山頂の意になった

鶏《にわとり》や鷹《たか》を飼育する鶏（鳥）小屋をトヤといいます。夏の終わり頃になると、鶏の羽は抜け替わります。その時期になると、ほとんど餌を食べないため、体力が衰えて鶏小屋に籠《こも》りがちになります。

五〇～六〇年前まではほとんどの農家で、鶏を飼っていました。農家によっては、五〇～六〇羽も飼っていました。当時は放し飼いだったので、餌を探しながら屋敷内を歩き回っていました。ところが、雌鳥《めんどり》がトヤニカカッテ（鶏小屋に籠って）活動しなくなると産卵しなくなってしまいます。

「ニヤットリ（鶏）がトヤニカカッタ（鶏小屋に籠った）モンだから、卵は当分《とうぶん》、食ベランネーカンネ（食べられないからね）」

秋になると、シベリアから群れをなして飛来するつぐみや在来の小鳥を捕獲して食用にするため、山中にわな（かすみ網など）を仕掛けました。昭和の初め頃は、わなを仕掛けることを佐野方言でトヤ（を）ハル・トヤブチスルなどといいました。

「あのワカイシ（青年）ッタラ、鳥捕りが大好きで、ヘシテオキ（一日置き）に山へ登っチャー、トヤハッテル（わなが仕掛けてある）場所にイグン（行くん）だってさ」

「煙い」の方言にはいろいろある

煙を吸い込むと息苦しく感じたり、目が痛かったりします。このような状態を共通語では、「煙《けむ》い」「煙たい」などといいます。「けむたい」が訛《なま》って、ケミー、ケムッテーともいいます。

「近くでタバコを吸われると、ケムッテーッタラアリャーシネー（煙くてしょうがない）よ」

また、共通語には、濁音の「煙《けぶ》い」「煙《けぶ》たい」もあります。これらの語が訛《なま》って、ケビー、ケブッテーともいいます。

「子どもがケブガルから、あまり煙の出ないマキダッポー（薪《まき》）をツックべてくれ」

「セフロ（風呂）の焚《た》き口の近くは、ケブッテーし、アッチー（熱い）から、マキダッポーをツックベルッタッテ（くべる場合でも）容易なコッチャーネー（ことではない）よ」

ケビーとかケブッテーは古くから使われていましたが、今では囲炉裏《いろり》やかまどがなくなったために、このような煙いの方言は聞かれなくなってしまいました。イビー・イブッテーは生木の息苦しい悪臭に対して使います。たとえば、生木が燻《いぶ》っているときの煙が、気管にはいって息苦しいときなどです。

「よく燃えネーナマッキ（生木）から出る白っぽいケブ（煙）は、悪臭がするし息苦しい感じがして、ほんとにイブッテーよ」

ホロクもフルクも振り動かすことをいう

木や物やぶらんこなどを振ったり揺《ゆ》すったりすることを、佐野方言でホロクといったり、ホーロクといったりします。ユスルということもあります。

「焙烙《ほうろく》を火の上にツッカケ（掛け）たら、しょっちゅうホロッてネーと、大豆がコビツイチャーカンね（焦げついてしまうからね）」

ホロクを強めていうときには、カッポロクまたはオッポロクのように、「カッ」や「オッ」という接頭語を付けて強めていうこともあります。

「その枝をマット（もっと）カッポロケバ（強く揺すれば）、ズクシガキ（熟柿《じゅくし》）がばたばたとオッコッテ（落ちて）くるよ」

また、要《い》らない物を力強く投げ捨てることを、ホロキ投げるといいます。ホロクにも「放る」という意味があり、同じ意味をもつ他の語と結びついて意味をよりいっそう強めます。

「振り動かす」にはフルクとかオップルク（オップルーとも）という方言もあります。このフルクには「振るう」という意味があります。篩《ふるい》に掛けて、豆や粒状のものをその大きさに選り分けるときに使います。

「昔、きな粉は煎《い》った大豆をエスス（石臼）ですりつぶし、それを篩《ふるい》でフルッて、だいぶ手間をかけてコシャエタ（作った）ンだってガネ」

「怒る」の内容によって変わる方言

　怒りの気持ちを表すことばは、一般に「腹を立てる」・「怒る」といいますが、その気持ちを感情的に強く表すことばには、「目くじら立てる」・「向っ腹を立てる」などがあります。このように気分や感情によって言い方が異なります。方言も同様です。人の話を聞いて、これといった理由もなく腹を立てることを、佐野方言ではモッコバラタテルといいます。

「今度引っ越してきた人は、旦那さんも奥さんも感じのいい方ですねっていったら、近所の奥さんがその話を聞いて、突然モッコバラタテて……。何かあったんダンべか」

　モッコバラタテルは、「むかっ腹を立てる」が変化したものです。くだらないことに腹を立てることをツン（チン）バラタテルともいいます。ツン（チン）は、語の前に付いて「腹を立てる」を強めるはたらきをます。

「ヘーシッタコト（つまらないこと）にツンバラタテルなんておとなげネー」

　イジガヤケルは、思うようにならず怒りを覚えるという意味です。

「思うようになンネ（ならない）と、イジガヤケてねえ」

　気がいらいらして腹が立つことをゴセヤケル（ゴセッパラヤケルとも）といいます。ゴセは「後世」で死後の世界、ヤケルは「焼ける」で、あれこれと世話がかかるという意。

〝譲る〟の方言はコスという

親しい間柄で物を「売る」ことを、共通語では普通「譲《ゆず》る」といい、「米三キロバッカシ譲ってクンナカンベカー（くれないでしょうか）」といいます。また、「分ける」ということもあります。「米三キロバッカシ分けてクンネケー（くれませんか）」などと。

かつて「売る」ということは、利益を目的とすることばので、親しい知人同士ではこのことばをケギラッて（嫌って）使いませんした。そこで、それに代わって利害関係がないように、やんわりと遠回しに言う「譲る」とか「分ける」を使ったといわれています。

同じように、知り合い同士の農民たちは、「売る」を嫌って「コス」という方言を用いました。コスはお互いに現金収入の少ない相手の気持ちをおしはかってつくられた方言です。売るともつかず、くれるとも、また貸すともつかない、実にあいまいなことばです。金銭的に高価でなく、また量的にも多くない物を譲るときに使います。

コスはとどけるとか、渡すという意味の遣《こ》すが意味変化したものといわれています。

昭和二〇年頃まではよく使っていましたが、今では老人に限られています。

「米二升《にしょう》ほどコシテクンナカンべか（譲ってくれないでしょうか）」

「自家製の味噌がいいっていうから、少しコシてヤンベ（譲ってやろう）と思ってさ」

尖《とが》ったところをノメンドという

表面が滑《なめ》らかで、ぬるぬるとすべることを、共通語では「ぬめる」または「ぬめくる」などといいます。これを佐野方言ではノメル、またはノメクルといいます。

「坂道を下りてったら、ツルーリ（つるっと）ノメクッ（ノメッ）て、仰向《あおむ》けにデングルケッチャッタ（倒れてしまった）」

すべりやすくつるつるしている状態を表す方言にノメッコイ、ナメッコイがあります。これが訛《なま》ってノメッケー、ナメッケーになりました。

「赤ちゃんの肌《はだ》を触《さわ》ってみな。きめが細かくって、マッサカ（とても）ノメッケーよ」

ぬめるの「ぬめ」と同じように、ノメッコイの「ノメ」にも、つるつる、なめらか、すべすべという意味があり、これが新しい方言を生み出しました。杭《くい》や棒の端を尖《とが》らせると、らくらくと地面に打ち込むことができます。その尖りの部分をノメまたはノメンド（ドは「所」の意）といいます。

「杭《くい》の先っちょはノメンドにしネーと、地面がカテー（堅い）から、いくら掛矢《かけや》でたたいても、なかなかツットサンネカンネ（打ち込めないからね）」

野上・作原では、物の先端を尖らせることを、ノメツケル（「ノメを付ける」が語源）といいます。

川底の深みに付けるボは近親感を表す

川の流れは、水の勢いが急なところとゆるやかなところ、浅いところと深いところなどいろいろ変化に満ちています。その中で底が深く流れのゆったりしているところがあり、その場所を田沼・葛生地域ではフカンボまたはフカンドなどといっています。

昭和の頃、夏休みになると、子どもたちが水浴びをしようとフカンボにやってきます。子どもばかりでなく大人《おとな》たちも、暑さを凌《しの》ぐためにやってきます。フカンボはみんなの格好の遊び場となっていました。

「オッキナ（大きな）子だったら、フカンボで水浴《みずあ》びしても、ズンブックグリ（水中のもぐって遊ぶこと）してもカマネ（だいじょうぶだ）けど、チッチー（小さい）子ジャー、アブネカンネ（危ないからね）」

川の深い所をフカンボ、またはイズンボともいいます。イズンボは、湧《わ》き水が川に流れ出ている深い所をいい、フカンボとは区別して呼んでいます。

「イズンボの底はよくメーネ（見えない）けど、ニガッパヤ（油鮠《あぶらはや》）がいっぱい泳いでいるし、ガマ（空洞になっている所）には、岩魚《いわな》やヤモ（やまめ）もいるんだってさ」

テンジョコダマは、高くて遠いところをいう

建物の屋根や屋根裏などもっとも高いところを、佐野弁でテンジョコダマ、あるいはテンジョクダマなどといいます。五、六〇年前の農家の屋根はほとんどがクズヤネ（麻の皮をはぎ取った殻《から》でふいた屋根）でした。麻の殻を用いてふいたのでオガラヤネともいいました。このように麻殻でふいた屋根は一般にクズヤといいます。

「クズヤはドコンチ（どの家）だって、エロリ（いろり）でモシキ（たきぎ）を燃すもンだから、テンジョコダマ（天井裏）は煤《すす》けてまっ黒だよ」

建物ばかりでなく、木のてっぺん・山のてっぺんなど高いところはみんなテンジョコ（ク）ダマといいます。

「頭のテンジョクダマに、ごみがくっ付いてッカンネ（いるよ）」

「猿が畑の作物を食べ荒らしてシャーネ（仕様がない）から、石ッコをブンナゲてオットバシ（追い払っ）たら、トーナス（かぼちゃ）かかえて、木のテンジョクダマへするするって登ってッチャャッタよ」

テンジョコ（ク）ダマが日常的に使われていたのは、昭和初期頃までで、今では高齢者を除いてほとんど使わなくなってしまいました。

動詞にツンが付くと意味が強まる

接頭語のツンは、動詞の前についてその意味を強めたり、あるいは動詞の意味を変えるはたらきをします。ツンは、ツンダス（出す）・ツンノメル（前に倒れる）・ツンザク（裂く）・ツンムス（燃す）のように動詞の前について意味を強めます。

「あの男の子がしょんべんシテン（したいん）だって。ハエク　ツンダシテヤンネト、ムグッシャー（漏《も》らしてしまう）カンネ」

ツンダスには、ツンのはたらきによって、思い切って出す、無理に出すという意味の強さが出ています。また、「のめる」は、前に倒れる、前にかたむくことをいいますが、これに〝ツン〟がつくと、勢いよくすべって前に倒れるという意に転じます。

「雨の降ったツグル（次の）日、あぜ道を歩いてたらツンノメッテ、着物をゼンテ（すっかり）どろだらけにしチャッタ」

〝ツンザク〟のツンは「裂く」を強めることば（接頭語）です。布などを強引《ごういん》に引き裂くことをいいます。このように、ツンザクは強い力が加わって引き裂くことをいいます。

「刺《とげ》のある木だって、ツンモセば、影も形もなくなるさ」のように、〝ツンモス〟には、燃すの勢い・強さが表れています。

セッナイとマサカとキガオケナイの意味

共通語と方言には、同じ音をもつ語がたくさんありますが、その中には意味が異なり誤解されやすいものがあります。例えば、共通語の「切《せつ》ない」には、心中でつらく思っていることを晴らしたいという気持ちがあり、悲しくて胸がしめつけられそうだという気持ちがあります。これに対して、佐野方言のセツナイには、やるせないとか、金銭や物資がなく乏しいといった意味があります。セツナイは訛《なま》って、セツネーともいいます。

「昔、あの人は羽振《はぶ》りがよく、あんなに繁盛《はんじょう》してたんだけど、店がチャブレチャッテ（倒産して）、今ジャー、ひっそりとセツネー暮らしをしてますよ」

また、共通語の「まさか」は、下に打消しの語を伴って、「まさか来なカンベー」などというのが普通です。方言のマサカは、〝はなはだ、非常に〟という意味で、下に打消しの語を伴うことはありません。表現を強めていうとマッサカといいます。

「あの子が、まさかあんなに速いとは思わなかったけど、実際に走っているのを見たら、マサカ（マッサカ）速いんでびっくりしたよ」

特に気をつけたい方言に〝キガオケナイ〟があります。普通「きのおけない人だ」といえば、気の許せる人、気づまりを感じない人という意味ですが、佐野方言の〝キガオケナイ人〟は、何となくうちとけられない人、何となく気がゆせない人という意味になります。

「あさって」の翌日はシアサッテ？

生まれ育った土地に長年住んでいると、方言なのか共通語なのか判別しにくいことがあります。生まれ育った土地で通用することばは、どこでも通用するだろうという思い込みがあるからでしょう。

「いも」というだけでは山芋なのか、それとも里芋なのか？　じゃがいもなのか？　さつまいもなのか？　佐野方言でいうイモは里芋のことで、それ以外の芋類を指していうことはありません。

紐、髪、紙、布など（比較的細くて糸状のもの、薄くて平面的なもの）を、はさみで切ることをハギルといいます。最近はだいぶ少なくなりましたが、「来《こ》ない」ことを、キナイとかキネーなどといいます。

ところで、〝あさって〟の次の日は何というでしょうか。

かつて佐野方言で〝あさって〟の次の日をヤナサッテといい、その次の日をシアサッテといっていました。ところが、近年、共通語といわれるシアサッテ→ヤナサッテという言い方が増えてきました。それは東京がもともとアサッテの翌日を、シアサッテといっていたので、その影響によるものです。

フン・ブンは意味を強めるはたらきがある

動詞の頭につくフンやブンは、意味を強めるはたらきをします。「フン」の多くは、「踏み込む」をフンゴムというように、〝踏み〟が接頭語化したものです。「ブン」の多くは、「打ち欠《ぶ》く」がブッカクとなるように、〝打ち〟が接頭語化したものです。「フン」や「ブン」の付いた佐野方言の意味やそのはたらきなどについて述べてみましょう。

〝フンドス〟は、先のとがった竹が足などに刺さって、突き抜けることを言います。「踏み」と「通す」が結合したものです。「切り株をフンドシて大けがした」などといいます。

〝フンゲス〟は、踏みあやまって足首をねじったり、ねんざしてくじくことを強めたことばです。「踏み」「返す」が結合したものです。

「チッチャナ石ッコだったンだけど、踏みちがえてフンゲシチャッタ」

〝フンジャブス〟は、踏みつぶすを強めたことばです。つぶすことを佐野方言でチャブスというので、「踏み」と「チャブス」が結合したものです。そのフンジャブスがさらに変化して、フンジャスともいいます。

〝ブンマース〟は、風がくるくる吹き回すことを強めたことばです。「打ち」と「回す」が結合したものです。「ツエー（強い）ブンマーシだったたねえ」

〝ブンナガル〟は転ぶ、転倒するの意ですが、ブンはそれを強めています。

「力いっぱい」はウデッコキ・ウデッキシという

「力いっぱい抱きしめる」、「精一杯頑張る」とは、よく耳にすることばです。この「力いっぱい」とか〝精一杯〟を、佐野方言ではウデッコキとかウデッキシといいます。このウデッコキは、昭和のころまで年齢や男女に関係なく日常的に使っていました。ところが、共通語化がすすむにつれて、若い人たちばかりでなく、中高年者もあまり使わなくなりました。

「二〇歳代は、若さと力にまかせてウデッコキはたらいたもんだよね。ソダ（そうである）のに病気にもナンナかったし、ナンボくたびれたって、一晩寝て起きリャー、すっかり回復したかンね。ワケーッテコター（若いということは）アリガテーもんだよねえ」

ウデッコキは、共通語の「うでこき（腕扱）」が変化したものです。腕をふるうこと、技がすぐれているという意味です。この意味が変化して、力の限りをつくすこと、思いっきりことをすることという意味になりました。この「うでこき」と同じ意味の語に、「うできり」があります。腕の力のある限りとか、力いっぱいという意味です。この「うできり」が変化してウデッキリとなり、さらにウデッキシとなって、今も時折使われることがあります。

「手綱《たづな》をウデッキシ引っぱっても、馬はぜんぜん歩こうとしネンだよ。ホソンボ（細い棒）でウデッコキ尻をブッパダイタンだけど動くケップリ（ようす）もしネーンさ。馬もさっきあのオーカン（道路）のノボリッパ（坂道）でへばっチャヤッタンダンベー」

イとエの区別ができない

五、六〇年も前のこと、衆議院議員の選挙があったときのことです。「このたび衆議エン議エンに立候補した〇〇氏に、清き一票を……」と地元佐野の有力者が、市街で声高《こわだか》に応援演説をしていました。「いん」をエンと何回となく繰り返していました。当時は「井戸掘り」が「エドホリ」になり、「机」がツクイになるなど、イとエの混同が多かったが、高齢化になればなるほど、その傾向がきわ立っていました。「え」がイと発音されることもあれば、「い」がエと発音されることもあります。実際にあった例を挙げてみましょう。

「昨日はエンガ【因果】見たよ（ひどい目にあったよ）」

「ちっちゃいエシッコ【石っこ】を拾ってきて、石けりしてアスンダ（遊んだ）」

「サミー（寒い）から、エロリバタ【いろり端】であったまンベー」

「色の濃いインピツ【鉛筆】で書いたから、字がよくメール（見える）よ」

共通語化がすすんで、イとエの混同がなくなったにちがいないと思っていたら、市内の辺地で次のような会話を耳にしました。また、石碑にある地域訛りの文字も目にとまりました。

「あんな砂利道で、トショリ（老人）がツイ（杖）もつかネで、よろよろ歩エてるけど、あれジャー、自分家《じぶんち》にヒッケッテ（引き返して）エゲルダンベ（行けるだろう）か」

ヒはシになり、ジュはジになる

・「ひ」は〝シ〟と発音します

落語にある東京下町の人情話は、落語ファンならよくご存知のことでしょう。落語家の特殊な語り口調や下町なまりには、庶民の素朴《そぼく》な生活がにじみ出ています。なまりの主なものとしては、「ひ」がシと発音されることです。〝火箸〟がシバシとなり、飛行機がシコーキとなります。しかし、このようななまりは、東京の下町に限ったことではなく、佐野方言でも時折聞かれることがあります。

特に中高年者は、「ひと（人）」をシト、「ひとつ（一つ）」をシトツ、「ひとえもの（単衣物）」をシテモンのように、「ひ」がシになります。これとは反対に、布団《ふとん》を「しく（敷く）」は、ヒクともいいます。「ひ」をシと発音するのは、高齢者ぐらいでほとんど聞かれなくなりました。

・「しゅ」を〝シ〟、「じゅ」を〝ジ〟と発音します

「しゅ」をシと発音し、「じゅ」をジと発音するその多くは、中高年者といっていいでしょう。「シッパツ（出発《しゅっぱつ》）のジンビ（準備《じゅんび》）は、ととのったケー？　バスの待ち時間は、あとジップン（十分《じゅっぷん》）しかネーカンネー（ないからねえ）」

「熟《じゅく》し柿」がズクシと発音されるように、「じゅ」がズになる場合もあります。

つまらないこと、余計なことをタコトという

意味のわからないつまらないことばを、共通語では寝言《ねごと》といいます。寝言と同じ意味の佐野方言にタコトがあります。タコトには、いい加減だとかでたらめという意味もあります。しかし、最近は中高年者でも、このタコトを使う人はめっきり少なくなっています。

「タコトいうンじゃネーよ。そんなコター（ことは）、だれが聞いたって信じネよ。エーカゲン（でたらめ）だってコター（ことは）、自分だってわかりそうなもんだけどねえ」

常識では考えられないようなつまらないことば、はなはだしくばかげたことばを、共通語で戯言《たわごと》といいます。方言でいうタコトは、この戯言が訛《なま》り、意味が変化したものです。

つまらないこと（人）、興味がなくとるに足りないこと（人）を、ヘデナシといいます。これは、普通ろくでなしという意味で使われますが、でたらめ（な人）・うそ（をいう人）という意味もあります。ヘデナシはヘデーナシともいい、下品で俗っぽいことばといわれています。昭和の中頃まで男性ことばとして使われていました。

「あの男は、エー加減なことベー（ばかり）ぺらぺらクッチャベッテ（しゃべって）るンで、デホーラク（口まかせ）もん（者）といわれているよ。ヘデナシともね」

ヘデナシは、〝屁出なし〟がもとのことばで、屁さえも出ないような、けちんぼうでつまらない男？

窪みを表す語にはトやドをつける

雨が降って、窪みなどに水が流れ込むと、池のような水たまりができます。水たまりは蛙にとって住み心地がよく、絶好のたまり場となります。このような水の溜まり場や窪地《くぼち》は、蛙ばかりでなく昔の人たちにとっても興味があったらしく、いろいろな名称（方言）をつけました。その主なものに、クボット・ヘコミット・クボンド・ヘコンドなどがあります。これらは共通語の窪みやへこみに〝ト〟や〝ド〟（接尾語）をつけたものです。水の深いところは、フカンドともいいます。

「アスコ（あそこ）のクボンドのあたりは、ヌカリットンナッテッカラ（ぬかるみになっているから）、うっかり足をフンゴンダラ（踏み込んだら）たいへんだよ。遠まわりして行ガネーと、ケーッテ（かえって）時間をトラレチャーカン（時間がかかるから）ね」

〝ト〟や〝ド〟は、ところ・場所を表しますので、クボットといえば窪んでいるところをいい、ヘコンドといえばへこんでいるところをいいます。

小さな窪みをクボミッタマともいいます。わずかな水がたまっている程度の窪みをいいます。窪地であることを強調していう場合は、「ドッ」という接頭語をつけて、ドックボといいます。

オッパシルは「走って行く」という意味だった

佐野方言でオッパシル（オッペシルとも）は走って行くという意味です。これは「走る」に、オッという接頭語が付いたものです。オッは走る動作を強めるはたらきがあります。オッパシルはオッペシルともいい、もともと足早《あしばや》に行く・走って行く・かけて行くという意味でした。

「あのワケーシ（青年）は、バスの出る時間にマガウダンベ（間に合うだろう）か。急いでオッパシッテッタ（走って行った）から、マガッタンベー（間に合ったでしょう）。でも、ボットスット（もしかすると）、マガーナカッタ（間に合わなかった）かもシンネよ」

ところが、〝走って行く〟〝かけて行く〟という意味のオッパシル（オッペシル）は、〝歩いて行く〟〝歩いて帰る〟として使われることが多くなりました。

「午後三時になると、決まってここにとぼとぼやって来て……。すぐにまたヒッケーシテ（引き返して）、とぼとぼオッパシッテグ（家に帰って行く）老人がいたっけねえ」

オッパシル（オッペシル）を使う人たちの多くは老人、ですから死語同然の方言といっていいでしょう。

オッパシルに関連する方言にトーッパシルあるいはトーッパシリスルがあります。この方言はオッパシルに〝遠い〟が付いたもので、〝遠くの方まで歩いて行く〟という意味です。

簡単で楽だということをタワエネーという

意味の似かよっている方言があります。中高年者が多く使用するワキャーネー・ゾーサネー・タワエネー（タワエモネー）などはそれにふさわしい方言といっていいでしょう。これらの方言は、いずれも同じような意味で、違いの境目がないようなものばかりです。

これらのうち、もっともよく使われている方言はワキャーネーです。物をつくったり動かしたり、食事をこしらえたりするときに、手際《てぎわ》よくさばくようす、そのできばいの速さをワキャーネーといいます。ワキャーネーは、主に物事のすすむ時間的な速さをいいます。

「庭が広くっタッテ、手先の器用《きよう》な若者がイリャー、草取りなんかワキャーネー」

ゾーサネーの「ゾーサ」は、物をつくるときの速さなどをいうときに使います。それには手間と費用がかかり、面倒でやっかいだというのが元の意味です。ゾーサネーの「ネー」はそれを否定することばです。

「これだけの食材だから、コシャエル（つくる）ンもゾーサネーコッタ（簡単なこと）よ」

タワエ（モ）ネーも、ある行動作業にあまり手ごたえも感じず、また苦労もせずスムーズに流れるさまをいいます。

「彼はどこへ行くンダンべか。アスコへ行って来るくらいならタワエ（モ）ネーけどさ」

いびきの音をハナグルマという

睡眠中に、鼻や口から発する音を、〝いびき〟といいます。ガーガーと耳ざわりな音、物がコロコロ転がるような音など、いびきの音にはいろいろあります。いびきをたてる音は、一般に〝ぐうぐう〟といいます。いびきの音のなかでも、酒を飲んだり肉体労働したりすると、のどの筋肉の緊張《きんちょう》がゆるんで、いびきの音がさらに大きくなるといわれています。ところで、いびきは方言でハナグラといい、いびきをかくことを、ハナグラカクといったり、ハナグラタテルなどといいます。

「うちのヒト（主人）ったら、酒を飲んで寝るからガーガー、ゴーゴーとハナグラカクンで、ウッツァシ（うるさい）くって、たまったもんジャーネー（我慢できない）」

ハナグラのグラ（クラ）は、ゴロゴロ・グルグルといったいびきの音（擬音語）の略語です。これと同じ意味の語にハナグルマがあります。ハナグルマは、ハナグラよりも後から使われるようになった方言です。

かつて荷馬車や荷車は、ゴロゴロ、ガラガラと音（車輪の）を立てながら、砂利道《じゃりみち》を行き交《か》いました。鼻から出るいびき（音）は、その車輪の回るときに出るゴロゴロ、ガラガラという音と似ていることから、いびきをハナグルマというようになったといわれています。

株をカブツ、たんこぶをタンコブツという

樹木や竹を切り倒したあとには、根っこが残ります。その根っこは株《かぶ》ともいいます。この株に〝ツ〟という語尾を付けて、カブツといいます。その外に株は切り株ともいい、同様に〝ツ〟が付いてキッカブツともいいます。このように語尾〝ツ〟の付く方言は古くからありましたが、その数はきわめて少ないため、〝ツ〟はどういう語に付いて、どういうはたらきをするのかについてはよくわかっていません。

切株や根株に〝ツ〟を付けて、キッカブツとかネッカブツなどといいましたが、めったに聞くことがないため、死語になったといってもいいでしょう。

「あの小高い山の麓《ふもと》には、キッカブツがあっちこっちにあるから、けつまずいたりオッコロガッタリシネー（転んだりしない）ように、キー（気を）つけなよ」

「目の上のたんこぶ」ということわざがあります。たんこぶとは、目の上の筋肉がもり上がったもので、目ざわりでじゃまなものです。このたんこぶには〝ツ〟が付きます。

「会社の宴会で同僚と楽しく飲んでいるところへ、無愛想な部長がやって来たンだよ。みんな黙っちゃった。部長は目の上のタンコブツだから」

紐《ひも》を小間《こま》結びにすると、結び目が丸くなり、たんこぶのようになります。それを見て、「紐をタンコブツに結んだンだから解《ほど》けネーよ」などといいます。

「将来」をオッツケ・サキヨッテなどという

おとなは子どもに、「君は大きくなったらナン（何）になりたい？」などと〝将来〟の夢を聞くことがあります。子どもたちがすくすくと元気に成長し、りっぱな人になることを期待しているからでしょう。ところで、〝将来〟とか〝ゆくすえ〟にあたる方言はオッツケといったり、イマニ（イマーニ）などといいました。

「わんぱく坊主ラー、さっき大声で怒鳴《どな》り合っていたが、今は原っぱでフットビマーッテル（飛び回ってる）よ。あの子ラー、オッツケどんな人になるんダンべねえ」

イマニ（イマーニ）もオッツケも、意味的にはさほど差異はないが、オッツケには〝遠い将来〟という意味があり、イマニには〝近い将来〟という意味があります。ただイマーニのように、マを長く引きのばすと、遠い将来の意になります。こうした遠い・近いの区別はだんだんうすれてきました。オッツケとかイマニということばを使うことはほとんどなくなりました。もはや死語に近い方言といってもいいでしょう。

サキヨッテは「それほど遠くない将来」「そのうちに」といった意味の方言で、サキヨッタラともいいます。

「あと取りが田舎から出てッチャンデ、トショリ（老人）家族や空き家べー（ばかり）増えちゃって……。サキヨッチャー、田舎の田畑も雑木林にナッチャーダンべねえ」

ドは意味を強めるはたらきをする

「これは何ですか」の「か」は、相手にものをたずねるときに使い、「だれか来たぞ」の「ぞ」は「来た」を強めるときに使います。このような「か」や「ぞ」を助詞といいます。助詞にも方言があって、いろいろなはたらきをします。

まず、方言の助詞〝ン〟のはたらきについて述べてみましょう。

道端《みちばた》で親しい人に出会ったりすると、「あらっ、これからどこへ行グン？」などと聞かれることがあります。このように方言では、疑問の「の」や「か」を使わず、〝ン〟を使ってたずねるのが普通です。

「誰が来たン？」「どんな映画を見たン？」「新ジャガをもう食べたン？」の〝ン〟には、ぞんざいな感じはなく、むしろやわらかなていねいさがあり親しさがあります。今でも疑問の助詞の〝ン〟を使う人が多いのはそのためでしょう。

次に、方言の〝ド〟という助詞は、どうでしょうか。

「玄関に誰か来たド」「あの人は昨日どこかで見たド」の〝ド〟は、共通語の「ぞ」が変化したものです。〝ドー〟のように音を伸ばしていうこともあります。「ぞ」と同じように、「来た」・「見た」を強めるはたらきがありますが親しみもあります。

疑問の「か」は、方言で〝エ〟という

「〜よ」とか「〜ね」に当たる方言に〝ガネ〟があります。「さっき言ったばっかりだガネ」とか「間に合ってよかったガネ」という〝ガネ〟です。このガネは、念を押したり、詠嘆の意を表したりします。これと同じ意味の方言に〝ガナ〟もあります。〝ガナ〟は〝ガネ〟に比べてややぞんざいなので年上の人や目上の人には使えません。

〝デ（ー）〟という方言の助詞もあります。親しみがあり今でも多くの人が使っています。「聞いたことと、じっさいに見たこととは、形も大きさもまるっきり違ってるデ（ー）」

〝デ（ー）〟は、親しい人などに軽く念を押していうときに使います。ていねいな意もあります。デ（ー）は「行くよ」の「よ」とほぼ同じ意味です。

〝エ〟という疑問の助詞があります。これはていねいな意があって、年配者や見知らぬ人などにも使います。

明治・大正生まれの人は、場所などを訪ねるとき、「どこへイグエ？」のように、よく〝エ〟を用いました。〝エ〟は、不定称（いつ・どこ・なに・だれ）と呼応関係にあります。

〝ド（ー）〟は、かつてはおとなも子どもも使っていましたが、多くは男性でした。「この靴はオメガン（君の物）だド」・「今、イグ（行く）ド」

ドは共通語の「ぞ」が変化したもので、意味を強めるはたらきをします。

でっかい作物には、ズネーとかエケーという

普通の程度よりずっと大きいことを、佐野方言で〝ズナイ〟または〝ズネー〟といいます。秋は稲や麦など農作物の取りいれ時で、農家にとっては猫の手も借りたいほど忙しい時季です。さまざまな作物がたくさんとれます。長くて大きな大根を「ズネーデーコ」、大きくて太いさつま芋を「ズネーさつま」などと、あちこちで〝ズネー〟ということばが聞かれました。

しかし、ズナイとかズネーということばがめっきり少なくなりました。今では、デッケー・デスケー、まれにはズデッケーという言葉が聞かれます。

ズデッケーは、デッケーに意味を強める接頭語「ズ」がついたものです。

「アスコにタグロマイテル青大将《あおだいしょう》はデッケーなんてモンジャーネーよ。ほら、まるで大蛇と思われるほどズデッケーダンべ（大きいでしょう）」（※タグロマク〔またはタグルマク〕は「とぐろまく」の音が変化したものです）

〝ズナイ〟の変化したものにツナイ（ツネー）という方言もあります。

「このさつまはだいぶツネーから、一個だって重たカンベー？（重たいでしょう）」

以上の他に、非常に大きい意の方言にエカイ（エケー）があります。ズナイと同意語です。

敬語のガンスはすっかり消えてしまった

栃木弁は敬語がないとか、「無敬語地帯」であるなどといわれてきました。敬語を用いないと、ぞんざいであらあらしい感じさえします。では、なぜ佐野には敬語が発達しなかったのでしょうか。そこで佐野弁の歴史にさかのぼってみましょう。かつて佐野住民の多くは田畑を耕しながら生計を立てていました。藩政によるきびしい圧制もなかったし、身分や地位による威圧もなかったことから、さして敬語を用いる必要はなかったのでしょう。

でも、敬語がないわけではありませんでした。

佐野の古い方言に、ノマッセ（飲んでください）、ミセベケ（見せましょうか）などがあります。このノマッセの「セ」とミセベケの「ケ」は、ていねいな意を表す敬語です。

この外に、最近まで使われていた、ていねいな意を表す方言「ガンス」があります。明治や大正生まれの人たちは、よくあいさつことばにこのガンスを使っていました。朝には「オハヨガンス（お早うございます）」、日中の暑いときには「アツーガンスねえ」、夕方には「オバンデガンス（ヤンス）」といい、祝い事には「オメデトガンス」などといいました。

「ガンス」には、～です、～ます、～ございますと同じく、ていねいな意味があります。

かつて広く使われていたていねいなことばヤンス

ていねいな意を表す方言に「ヤンス」があります。「ヤンス」は「ガンス」と同様に、共通語の「です」や「ます」に相当することばです。昭和二〇年頃まではこのヤンスが使われていました。いろいろな場面で使われるヤンスの用法を挙げてみましょう。

〝何歳になったか〟をていねいにたずねるときは、「見たところお若く見えヤンスけど、お歳はなんぼになりヤンシタ?」といいます。

〝来る〟をていねいにいうときは、「友だちと一緒に来ヤンスベー」といいます。

〝帰った〟をていねいにいうときは、「ハー、ケーリヤンシタゼー」といいます。

ヤンスは、行く・見るなどという動詞と、静かだ・立派だなどという形容動詞や形容詞などにつけます。このようにヤンスとガンスの意味は同じであっても、その用法にははっきりした違いがあります。ヤンスとガンスの使い分けがはっきりせず、混同する例もあります。

「そうです」は、普通「そうでヤンス」というが、そうでガンスということもあります。

「お晩です」は、普通「お晩でヤンス」というが、お晩でガンスということもあります。

〝ッセ〟には軽い尊敬の意がある

かつて老人たちは、目上の人などと話すときには、よく軽い方言敬語を使っていました。その軽い敬語方言とは〝ッセ〟という語で、動詞のあとに付けます。この〝ッセについては、広報の「ヤンショ」の説明のところで述べました。ところで、飲んでくださいねは、佐野弁で「飲まッセナ」といいます。では、〝ッセ〟の使われている会話文を見てみましょう。

「ココントコ（最近）しばらくメーナカッタ（見えなかった）ね。タマニャー（めったにないことだから）寄ってガッセナ（くださいよ）」

「見る」に〝サ（ラ）ッセ〟が接続する例文を見てみましょう。

「秋になったンで山一帯がうつくしい紅葉ですよ。ほら！　見ラッセナ（見てくださいよ）」

見ラッセは、見サッセともいいます。

「来る」に〝ラッセ〟が接続する例文を見てみましょう。

「暇なときニャー、またアスビ（遊び）にでも出て来《き》ラッセナ（お出でください）」

来《き》ラッセナは、来《こ》ラッセナともいいます。

「起きる」に〝ラッセ〟が接続する例文を見てみましょう。

「間もなく出発の時間ですよ。早く起きラッセナ（起きてくださいよ）」

ヤンショは人を誘うときのていねいなことば

音楽会や卓球などに誘《さそ》ったり誘われたりすることはよくあることです。人を誘うときには、「来週、音楽会があるってから聞きに行グベー（行こう）」といったり、「久しぶりに卓球でもヤンベー（しよう）」などといったりします。すすめたり誘ったりする語が「ベー」です。

行グベーとか飲ンベーということばには、人を敬《うやま》う意味がないので、年上の人などに軽々しく使うのは失礼です。そこで年上の人には、「そこまで一緒に行ギヤンショ（行きましょう）」のようにいいます。〝〜ヤンショ〟には、人を誘う意味と人を敬う意味があるので、年上の人にも同年配の人にも使うことができます。

まず〝〜ヤンショ〟のある例文を見てみましょう。

「近くに子どもの遊び場ができたんだって?。どんなもんか行って、みて見ヤンショ」

〝ヤンショ〟と同じように、人を誘うときには〝ヤンスベー〟ともいいます。ていねいな意のヤンスに、人を誘う意味のベーが付いたものです。

「説明会は午後一時に始まるってから、ちょっと早めに行ギヤンスベー（行きましょう）」

〝〜ヤンショ〟や〝ヤンスベー〟は、昭和の頃でも年老いた人たちの使う方言で、今ではほとんど聞くことができなくなりました。

食べ物や道具類などが長持ちすることをムソイという

物が消滅したり、火が消えたり、固形物が溶けたりする時間が、思っていたよりもずっと長くなることがあります。このように時間が思ったより長びくことを、佐野方言でムソイといいます。訛《なま》ってムセーともいいます。

「シロケシ（上質の堅炭）は、火力もあるしムセーし、ケブ（煙）もそんなに出ネーから煮物にはマッサカ（とっても）エーよ」

飴玉によっては、オメノホカ（想像以上に）溶けるのに時間のかかるものがあります。

「このアメッタマ（飴玉）はムソクってねえ。時間がエラク（ずいぶん）かかるよ」

物価が安くなると、支出が少ないのでカネが長持ちします。このような状態になることも、「カネがムソイ（ムセー）」といいます。

「物価が安いときは、カネの出がムソかったけど、今ジャー、だいぶ値上がりして、給料もトッタカミタカ（手に入れるとすぐに出ていくこと）って感じだね」

木炭の火やローソクの火や履《は》き物の減り具合などが予想以上に長持ちするようなときにも、「このこのゴム靴はムソイ（ムセー）」といいます。

ムソイ（ムセー）は、思い通りにならない、めんどうだという意の古いことば「むさい」が意味変化したものです。

オッが付くと語気があらっぽくなる

語の前に「オッ」（接頭語）の付く方言はたくさんあります。「オッ」には、語の意味を強めたり変化させたりするはたらきがあります。「オッ」の付く方言をむやみやたらにたくさん使うと、語調が強まって、「佐野方言はあらっぽくって粗雑《そざつ》だ」といわれるおそれがあります。

「オッ」の付く特徴的な方言を挙げてみましょう。

○オッコム「取り込む」を、オッコムといいます。主に干し物（洗濯物、穀類）を取り込むときにいいます。「雷様《らいさま》が鳴り出したから、洗濯物をオッコンでくれ」

○オッパ（ペ）ス「走る」「走って帰る」を、オッパ（ペ）スといいます。「あの人なら、さっきウチ（自宅）にオッパ（ペ）シッテッタ（走って行った）よ」、「オッ＋馳《は》す」の変化した語です。

○オッピシャグ　オッチャブスともいいます。「ケーロンゴ（蛙）が、道ッぱたで自動車にオッピシャガレ（押しつぶされ）て死んでたよ」オッピシャグは、「オッ＋拉《ひさ》ぐ」が変化したものです。

○オッポロ（ル）ク「ゆする」「振るう」を、オッポロ（ル）クといいます。「毬《いが》にキー（気を）つけて、栗の木をオッポロ（ル）ッてクンネケー（くれませんか）」オッポロ（ル）クは、「オッ＋放《ほう》る」が変化したものといわれています。

ブッツァキ話ってどんな話？

前回の「オッ」と同じように、「ブッ」は、語（動詞）の前に付けると、語の意味を強めるはたらきをします。「ブッ＋動詞」という方言はたくさんありますが、この「ブッ」は、「打《ぶ》つ」を語源とするため、話すことばの調子がひときわ強く感じます。

○ブッカサル　「重なる」を強めています。物が幾重《いくえ》にも重なり合っている状態を表しています。カサルは「重なる」の意味です。

「植木だって枝と枝がブッカサなっチャー、下の方の枝は枯れチャーよ」

○ブッコス　「壊《こわ》す・破る」を強めています。ボッコスともいいます。

「シノヤ（物置）は、ハー（もう）要らネから、ブッコシテンだけどさあ」

○ブッツァク　「割る」を強めています。

「孟宗竹《もうそうだけ》をブッツァクと、パンパンとデッケー音がするよ」

※竹がすぱっと割れるように、隠しごとをしないでありのままに話すことを、「ブッツァキ話」とか「ブッツァイタ話」などといいます。

○ブッパク　「打ち掃く」の強調語だが、「刈《か》る」を強めるときに使います。草を鎌《かま》でたたき切るように、はげしく刈ることをいいます。

「あぜ道の草が伸びてっからブッパカネーと、ザッポクって（湿っぽくって）歩けネーよ」

間もなく消える～ヨカ・～ゲ

◇比較の基準を表す語（助詞）に、～より・～よりかがあります。これに相当する方言に、～ヨカ・～ヨカモ・～ヨリカなどがあります。

「今日はだいぶアッチー（暑い）から、どうせ飲むンダラ、酒ヨカビールのほうがいいンジャネーケ？（ではないですか）」

中・高年者の多くは、今でもこれらの方言を使っていますが、若くなるにつれて、だんだん減る傾向にあります。

◇動作の対象（相手）を表す語（助詞）に～にがありますが、この～にに相当する方言に～ゲがあります。この～ゲは、意味も用法も共通語の～にと同じですが、ちょっと違う点は、対象となるのが人や動物などで、その他のものを対象に使うことはありません。

「こんなにドドメ（桑の実）をとったンで、あの子ゲも、それからオメ（お前）ゲも分けてヤンベ（やろう）とモッテサー（思ってね）」

動物などに餌《えさ》をやる（与える）ときにも、～ゲを使います。

「ニヤットリ（鶏）ゲ、餌《えさ》やってクンネケー（くれませんか）」

カーラもゼンテも、話の内容や状態を強めるときに使う

ある事柄の内容などを打ち消す場合には、「ぜんぜん」「まるっきり」「からっきし」などといった語を用い、下に打ち消しを伴います。たとえば、「基本的なことを学ばないと、いくら勉強したって〝ぜんぜん〟（まるっきり）わかん〝ない〟ね」のようにいいます。これらの語とほぼ同じような意味や用法をもつ佐野方言にカーラ・カラがあります。否定をよりいっそう強めるはたらきをします。

「そんなにヤッケナ（面倒な）仕事でもネーのに、ハー（もう）、ヤンナッチャヤッタ（嫌になった）ンだって、カーラ意気地《いくじ》のネー男だよ」

ゼンテ（ゼーンテ）はすっかり、全部、まるでという意味です。

「ゴロゴロサマ（かみなり）が鳴り出したと思ったら、急に雨が降ってきたんで、上着も下着も、ゼンテびしょびしょンなっちゃった」

また、ゼーンテは、「すっかり駄目になった」という意味で使うこともあります。

「雨の夜、酒に酔って道路でヒックリケッテ（転んで）、着物をゼーンテにしちゃった」

「野菜が雹《ひょう》に打たれて穴だらけ、多くの野菜がゼンテンなっちゃったから、売りもんになんネー」

おわりに

方言に対する見方、考え方は人によっていろいろです。テレビの普及、乗り物など交通の便がよくなると、文化・産業・商業など各地の交流が盛んになります。それによって多くの方言が消えていくことでしょう。とはいっても、方言はその地域に根ざしたものだから、そう簡単には消えないともいわれています。

戦前の方言に対する見方、考え方はかなり否定的なものでした。方言はいやしいことばだとか下品なことばだといって、方言は多くの人からばかにされ嫌われていました。

でも、方言に慣れ親しんでいる地方の人にとって、方言を共通語にきり替えることはできませんし、それどころか、地方の人にとって、方言は人情味があり温かみがあり意味が通じやすいといいます。地方の人たちにとって、方言はなくてはならない必需品のようなものです。

本書は佐野市広報に一九六回にわたって連載された「佐野弁ばんざい」を一冊の本にまとめたものです。佐野市に伝わる方言の数かずを、ぜひ楽しんでほしいと願っています。

令和五年五月

森下喜一

[著者紹介]
森下　喜一（もりした　きいち）
昭和9年、栃木県佐野市（元安蘇郡常盤村上仙波）生まれ。小学校（当時は国民学校）や中学校の生徒だった頃は、明治や大正生まれの人たちが多く、古いことば（方言）でしゃべっていました。どこへ行っても“としょりことば”だったので、そのことばが身につくようになりました。としょりことばが方言であるとは気づきませんでした。気づくようになったのは高校生になってからで、方言の調査を本格的に始めるようになったのは國學院大学の大学院に入ってからのことです。國學院栃木高校教諭を経て、岩手医科大学助教授・作新学院大学教授・鳥取大学同大学院教授。定年退職後は、夏山に登るのが楽しみでした。今では高齢になり農業をしたり散歩したり、また専門書以外の適当な本を読んだりして日々のんびりと過ごしています。

佐野弁ばんざい

2023年7月12日　第1刷発行

著　者● 森下喜一

発　行● 有限会社 随 想 舎
〒320-0033　栃木県宇都宮市本町10－3 TSビル
TEL 028-616-6605　FAX 028-616-6607
振替 00360－0－36984
URL http://www.zuisousha.co.jp/

印　刷● モリモト印刷株式会社

装丁● 齋藤瑞紀
 ISBN978-4-88748-423-8